イラスト
二条城

絵と文

下間正隆
shimotsuma masataka

京都新聞出版センター

はじめに

　二条城は、家康が徳川幕府の幕開けと同時に創建しました。

　20年後、秀忠と家光が、後水尾天皇の行幸をお迎えするために、城のエリアを西方にひろげて本丸をたてました。この頃が、二条城のもっとも華やかな時期でした。

　260年後、最後の将軍・慶喜が二の丸御殿で大政奉還を表明して、二条城は徳川幕府におけるその役目をおえました。

　明治時代に、二条城は皇室の離宮になり、大正天皇が即位された御大典のときは、ここで大饗の儀がもよおされました。

　昭和のはじめに、二条城は京都市の所有となり、元離宮二条城として一般に公開されています。

　徳川の始まりと終わりをみた二条城を、この本をもって巡っていただければ、「二の丸は徳川家の繁栄を願うための城、本丸は闘うための城」であることを実感していただけると思います。

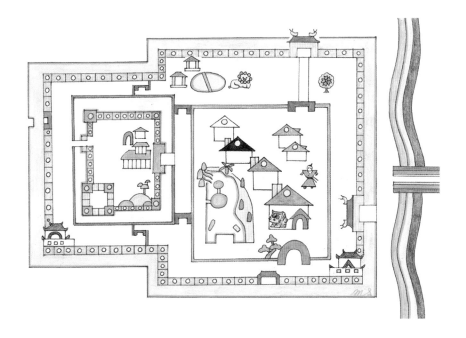

目　次

二条城への
行き方

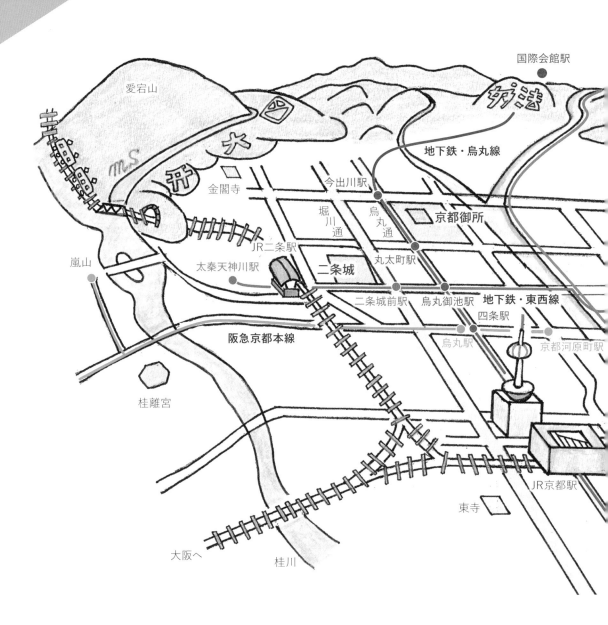

国際会館駅

愛宕山

地下鉄・烏丸線

金閣寺

今出川駅

京都御所

堀川通

烏丸通

JR二条駅

丸太町駅

太秦天神川駅

二条城

嵐山

二条城前駅

烏丸御池駅

地下鉄・東西線

四条駅

阪急京都本線

烏丸駅

京都河原町駅

桂離宮

JR京都駅

東寺

大阪へ

桂川

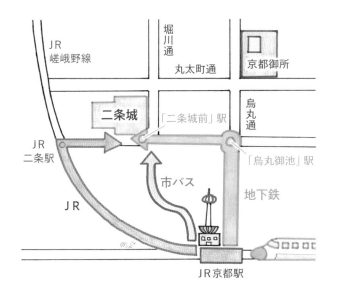

京都駅からの
オススメは
地下鉄じゃ

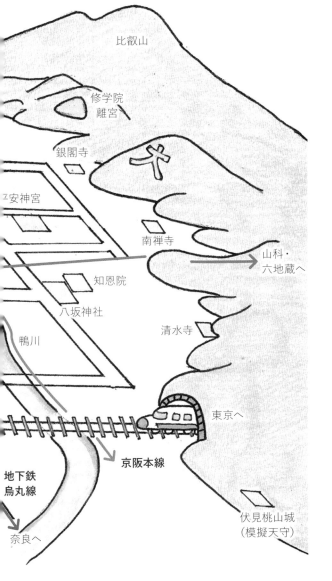

JR京都駅から二条城への行き方

① 地下鉄（京都市営）を利用する場合

JR京都駅

→ 地下鉄・烏丸線で「烏丸御池」駅へ

→ 乗りかえ

→ 地下鉄・東西線で「二条城前」駅へ

→ 下車すぐ

② 市バスを利用する場合

JR京都駅

→ 9号、50号系統に乗車

→「二条城前」で下車すぐ

③ JRを利用する場合

JR京都駅

→ JR嵯峨野線に乗車

→「二条」駅で下車

→ 徒歩17分

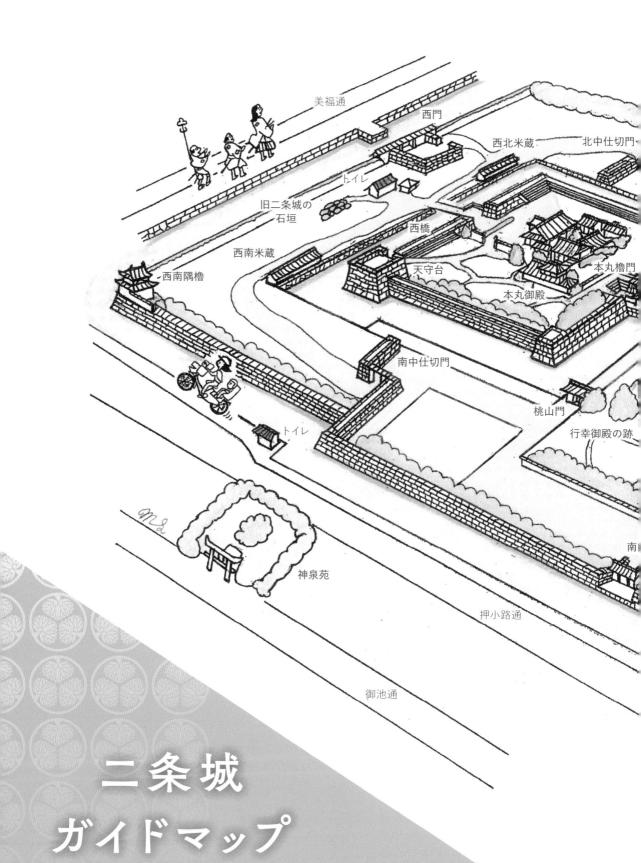

美福通
西門
西北米蔵
北中仕切門
トイレ
旧二条城の
石垣
西橋
西南米蔵
天守台
本丸櫓門
西南隅櫓
本丸御殿
南中仕切門
桃山門
トイレ
行幸御殿の跡
神泉苑
南
押小路通
御池通

二条城
ガイドマップ

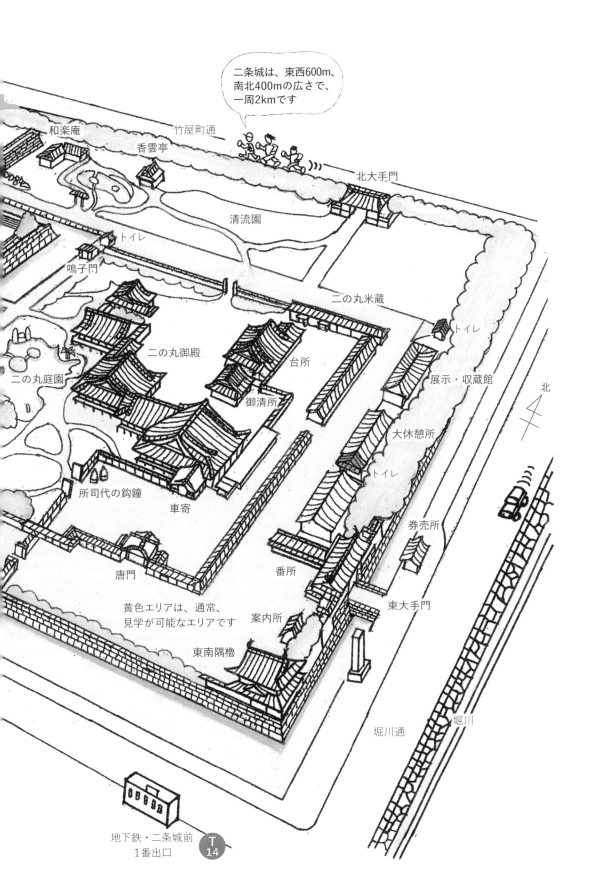

年表・城主

二条城の年表

年		出来事	掲載頁
1601年	慶長 6 年	家康が、西日本の諸大名に二条城の築城を課す	
1603年	慶長 8 年	二条城（現在の二の丸部分）が完成し、家康が初めて入城する	28-31
1611年	慶長16年	家康が、豊臣秀頼と会見する	32, 33
1614年	慶長19年	家康が、二条城内で大坂冬の陣（1614年）・夏の陣（1615年、慶長20年）の軍議を開き、二条城から出陣する	34, 35, 149
1624年	寛永元年	秀忠・家光が、城の拡張に着手する	49-55
1626年	寛永 3 年	本丸・二の丸・天守などが完成し、現在の規模となる。 9 月、後水尾天皇が、5 日間、二条城に行幸される（寛永行幸）。	56-70
1634年	寛永11年	家光が、30万7000人の大軍をひきいて入城する	74, 75
1750年	寛延 3 年	8 月、雷火により五重の天守が焼亡する	184
1788年	天明 8 年	1 月、天明の大火により本丸御殿などが焼失する	184
1863年	文久 3 年	14代将軍・家茂が、家光以来、229年ぶりに入城する	79
1866年	慶応 2 年	城内において慶喜が15代目の将軍となる	80
1867年	慶応 3 年	10月、慶喜が二の丸御殿で大政奉還の意思を表明する	84-86
1868年	明治元年	1 月、城内に現在の内閣に相当する太政官代がおかれる。 2 月、明治天皇が、後水尾天皇以来、242年ぶりに二条城に行幸される	90
1871年	明治 4 年	二の丸御殿内に府庁がおかれる（のち一時陸軍省になる）	
1884年	明治17年	皇室の別邸「二条離宮」となる	
1893年	明治26年	京都御所の北東にあった桂宮御殿（今出川屋敷）を本丸に移築し、本丸御殿とする	230, 231
1915年	大正 4 年	大正天皇即位の大典（大正大典）が行われ、現在の清流園の位置に大饗宴場が造営される。南門（南大手門）もたてられる。	91-107
1939年	昭和14年	宮内省から京都市に、二条離宮が下賜される	
1940年	昭和15年	2 月、恩賜元離宮二条城として一般公開がはじまる	
1952年	昭和27年	文化財保護法の制定により、二の丸御殿 6 棟が国宝に、東大手門など22棟の建物が重要文化財に指定される	110-157
1953年	昭和28年	二の丸庭園が特別名勝に指定される	160-172
1965年	昭和40年	テニスコートの場所に、清流園が作られる	234-237
1982年	昭和57年	二の丸御殿の障壁画が重要文化財に指定される	130-152
1994年	平成 6 年	ユネスコの世界文化遺産に登録される	

参考：「世界遺産 元離宮二条城」ホームページなど

江戸時代の二条城の城主

城主				掲載頁
初代	家康	いえやす	伏見城で将軍宣下式	28-44
2代	秀忠	ひでただ		46-75
3代	家光	いえみつ		
4代	家綱	いえつな	江戸城で将軍宣下式 ※二条城には一度も入城 していない	
5代	綱吉	つなよし		
6代	家宣	いえのぶ		
7代	家継	いえつね		
8代	吉宗	よしむね		171
9代	家重	いえしげ		
10代	家治	いえはる		
11代	家斉	いえなり		
12代	家慶	いえよし		
13代	家定	いえさだ		
14代	家茂	いえもち	江戸城で将軍宣下式	79-89
15代	慶喜	よしのぶ	二条城で将軍宣下式	

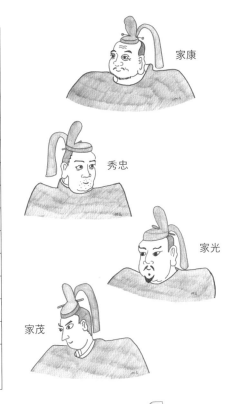

家康

秀忠

家光

家茂

以上の5人が、
実際に二条城に
滞在した将軍です

慶喜

二の丸御殿 遠侍（とおざむらい）の屋根

　明治時代にはいって、屋根の葵の紋は、
すべて菊の御紋に置きかわりました

第1章

二条城の歴史

四つの二条城

関ヶ原の戦いに勝利した家康が、1603年にたてた二条城が、現在の二条城です。しかし、家康の二条城よりも前に、二条城とよばれた城が3つありました。

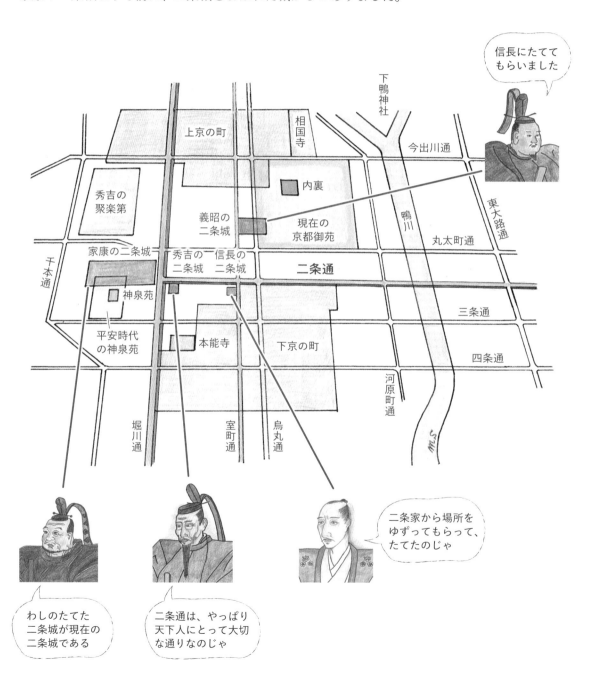

1 義昭の二条城（旧二条城）(1569〜1573)

石碑の場所：室町通下立売の西南角（平安女学院大学の北側）

足利義昭（1537〜1597）
参考：足利義昭像（東京国立博物館所蔵）

織田信長が、室町幕府15代将軍・足利義昭のためにきずいた城です。

かつて、この場所には義昭の兄の13代将軍・義輝の「二条御所武衛陣の御構え」がありました。信長は、義昭の将軍としての正当性を示すためにも、兄の義輝の屋敷跡に、弟の義昭の城をたてました。

4年後、義昭は信長と対立したため、京都から追放され、室町幕府は滅びました。この時、城も解体され、その一部は安土城（滋賀県近江八幡市）に運ばれました。

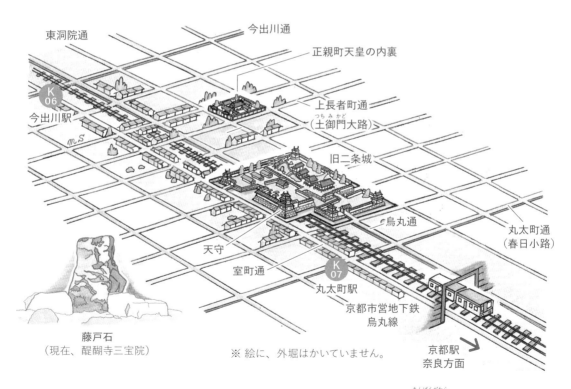

藤戸石
（現在、醍醐寺三宝院）

※ 絵に、外堀はかいていません。

二重の堀で囲まれた城は、高い石垣の上に三重の天守や櫓をもうけ、金箔瓦の建物もありました。庭には、管領の細川氏綱の屋敷から天下の名石とよばれる「藤戸石」も運びこまれました。
なお信長は、正親町天皇の内裏も修造しています（1569年、永禄度内裏）。

旧二条城の石垣

　義昭の旧二条城は、日本の城として、はじめて本格的に石垣で囲んだ城でした。信長も現地で陣頭指揮をとり、城は約70日間という短期間で完成しました。

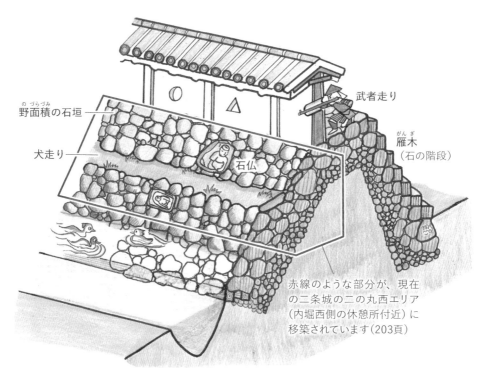

野面積の石垣

犬走り

武者走り

雁木
（石の階段）

石仏

赤線のような部分が、現在の二条城の二の丸西エリア（内堀西側の休憩所付近）に移築されています（203頁）

　石垣に用いる石が不足していたので、京都中から石仏（24頁）や石塔までも集めて、石垣に利用しました。塀の内側の歩道を武者走り、塀の外側にそった帯状の狭い空地を犬走りとよびます。石垣がくずれないように、二段の石垣にしたので、その間に犬走りができたのかもしれません。
　堀にはアヒルなどの水鳥が飼われていたので、夜間、敵が攻めてきた時に、鳥がさわいでいち早く敵の襲来を知ることができました。

「現在の二条城」に移築保存された「旧二条城の石垣（下立売通付近の地中にあった石垣）」

　京都市営地下鉄・烏丸線の建設のための烏丸通の発掘調査（1975-1978）で、旧二条城の石垣が発見されました。旧二条城の石垣は、野面乱積の石垣（218頁）でした。
　石垣は、「二条城の二の丸西エリア（203頁）」と「京都御苑・椹木口の内側（丸太町通付近の地中にあった石垣）」と「洛西竹林公園（西京区）」の３ヶ所に移して保存されています。
　※ 二条城内に犬はいません。また、この石垣に石仏は含まれていません。

2 信長の二条城（二条御新造、二条新御所）

（1577〜1582）

石碑の場所：両替町通御池上る（京都国際マンガミュージアムの裏出口）

信長は、琵琶湖の東側に安土城をたてていました。しかし京都に滞在中の宿舎として、関白の二条晴良から二条通の南側にあった屋敷をゆずり受けて、1577年に「二条御新造」をたてました。

信長は2年後、この屋敷を正親町天皇の皇太子・誠仁親王に献上したため、屋敷は、正親町天皇が住む「上御所」に対して「下御所」とよばれるようになりました。

一方、信長自身は本能寺に小さな城がまえの宿舎をたてましたが、ここに二回目に泊まった時に本能寺の変（1582）がおこって亡くなりました。

本能寺の変の時、下御所の隣の妙覚寺に泊まっていた信長の嫡男・信忠は、親王一家を上御所に退去させたうえで、ここに籠城し、明智光秀勢とたたかいました。しかし信忠は討ち死し、下御所も燃えてしまいました。

織田信長（1534〜1582）

参考：織田信長像（狩野永徳筆、京都・大徳寺所蔵）

コラム 『美しい庭で有名であった二条殿』

関白の二条家の御殿は、大きな池に面した寝殿造の建物でした。庭は、春風にゆれる藤の花が、その影を池にうつすなど、昔から美しい庭として有名でした。

檜皮葺屋根の御殿の縁側では、主人が二人の客人に、庭におりて散策しましようと誘っています。

手前の柿葺屋根の御殿の縁側でも、女性が庭をながめています。奥では、若者三人が囲碁を楽しんでいます。

信長が、二条家からこの場所をゆずり受けて、二条御新造とした後、誠仁親王の下御所になりました。庭は二条殿のころと同じように、美しい庭のままでしたが、建物は本能寺の変で焼けてしまいました。

参考：洛中洛外図屏風・上杉本

3 　秀吉の二条城（妙顕寺城）（1583〜1587（聚楽第へ））

石碑の場所：押小路通小川西入る（西福寺の門前）

秀吉は、二条通にあった妙顕寺を2.5km北の寺之内通新町西入に移転させて、その跡地に京都における最初の拠点「妙顕寺城」をたてました。

妙顕寺城は、聚楽第に移るまでの4年間、秀吉の政府でした。城は周囲に堀をめぐらして、天守もありました。

豊臣秀吉（1537〜1598）
参考：豊臣秀吉像（狩野光信筆（永徳の長男で、探幽の伯父）、逸翁美術館所蔵）

コラム 「後陽成天皇の聚楽第行幸」

1587年、秀吉は平安京の大内裏の跡地に、政庁兼邸宅として聚楽第をたてました。

翌年、秀吉は、聚楽第に天皇の宿泊施設「儲の御所」をたてて、第107代・後陽成天皇をお迎えしました。

行幸の日の朝、まず秀吉が牛車で御所に参内しました。その後、後陽成天皇が鳳輦に乗られて中立売通（正親町通）を西へすすんで、聚楽第に行幸され、五日間滞在されました。

『イラスト京都御所』から転載

4 家康の二条城（現在の二条城）（1603〜現在まで）

1601年、家康は、町家4〜5000軒を立ち退かせて、秀吉のかつての聚楽第の南方をふさぐかのようにして二条城の建設をはじめ、2年後の1603年に完成しました。

家康の二条城は、現在の二の丸の東エリアだけで、東西350m、南北405mの長方形の城でした。将軍の城としては規模が小さく、はじめの頃は「二条御所」「二条新屋敷」などとよばれていましたが、大坂冬の陣（1614年）のあと、二条城という呼び方が定着しました。

家臣から「もう少し堀を広げてはどうか」といわれましたが、家康は、「一日、二日も持ちこたえれば、周辺から

徳川家康（1543〜1616）

家康は、征夷大将軍であった2年2ヶ月の間（1603年3月〜1605年4月）、江戸城にいたのは9か月間だけで、大半は伏見城と二条城ですごしました。

参考：徳川家康像（狩野探幽筆、大坂城天守閣所蔵）

援軍が来る」「万一、この城が敵の手に落ちたとしても、ただちに奪いかえすことができるように、わざと城の構えを厳重にしていない」と答えました。

家康は、伏見城で将軍宣下をうけた後、完成した二条城にはじめて泊まり、次の日、二条城から御所にお礼のために参内しています。その後、家康は、1605年に秀忠に将軍職をゆずって駿府城（静岡市）に隠居しましたが、1611年（秀頼との会見、後水尾天皇の即位）、1614年（大坂冬の陣）、1615年（大坂夏の陣）の計3回上洛し、二条城に泊まっています。

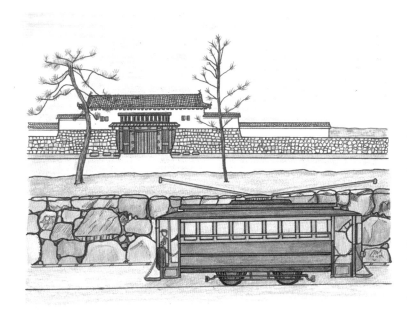

家康が二条城をたてて400年以上たちます。この間、二条城は地震、雷、火事などの自然災害は何度もうけましたが、一度も敵に攻められたことはなく、戦火の被害はうけていません。

東大手門は、その櫓の白壁が両隣の塀の白壁とつながって、三段の白壁をもつ堂々とした門がまえで、400年間敵を寄せつけませんでした。

家康を征夷大将軍に任命した宣旨

慶長八年二月十二日（1603年３月24日）、家康は伏見城で、勅使を通じて、第107代・後陽成天皇からの「征夷大将軍に任命する宣旨（天皇の命令を伝える書類）」を受けとりました。

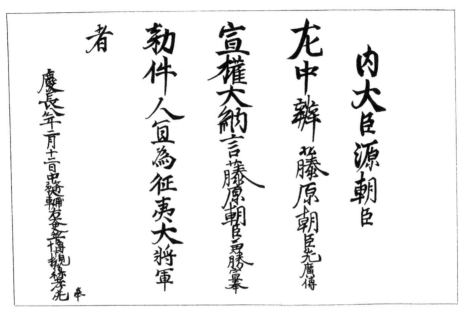

徳川家康任征夷大将軍宣旨（日光東照宮所蔵）

コラム 「家康の守り神・猪の背中にすわっている摩利支天」

武士の守護神とされる天女の摩利支天は、家康が手元において信仰していた仏様です。戦いの際、家康は金印の印影を兜の中に貼って出陣しました。

摩利支天金印（5.5cm x 3.6cm）

（静岡市・臨済寺所蔵）

堀川二条の定点観察

京都が都になった平安時代から江戸時代までの1000年の間、二条城がある「堀川二条」の辺りはどのような光景であったのか、順番に見てみましょう。

1 平安時代

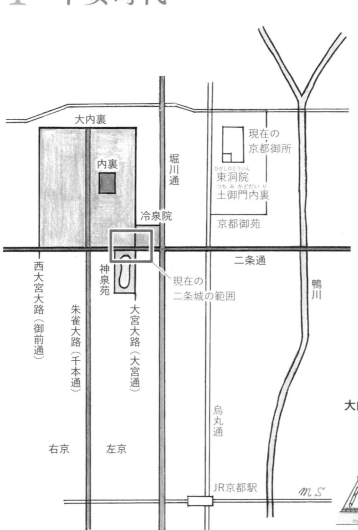

桓武天皇

794年、第50代・桓武天皇が都を長岡京から平安京にうつされました。内裏は現在の京都御所から西へ1700m、南へ400mの辺りにあり、周りは官庁街の大内裏でした。

二条通（二条大路）は、大内裏の南の堀にそって、東西をまっすぐに貫く華やかな大通りでした。

大内裏の南隣には、天皇の庭「神泉苑」がありました。堀川二条の辺りには、第52代・嵯峨天皇の退位後の住まい・冷泉院が、二条通に面してたっていました。

図中の文字：
大内裏
内裏
堀川通
現在の京都御所
東洞院（ひがしのとういん）
土御門内裏（つちみかどだいり）
京都御苑
冷泉院
二条通
現在の二条城の範囲
神泉苑
鴨川
西大宮大路（御前通）
朱雀大路（千本通）
大宮大路（大宮通）
烏丸通
右京
左京
JR京都駅
m.s

大内裏

内裏
幅51mの二条大路
神泉苑

神泉苑

　平安時代、神泉苑は東西2町、南北4町(252m×516m)の広大な庭園でした。

　794年に平安京をつくられた桓武天皇が、6年後の800年に神泉苑で舟遊びをされて以来、この禁園(帝の庭)には、代々の天皇が遊ばれました。

　庭園の東北隅の泉からコンコンと湧(わ)きでたきよらかな水が、西南の方向に流れて大きな池を作っていました。池の北側には、緑色の屋根瓦、朱色の柱の中国風の正殿「乾臨閣(けんりんかく)」がたっていました。魚が泳ぐ池には中島が一つあり、池のほとりの小さな山には、鳥や鹿が集まっていました。

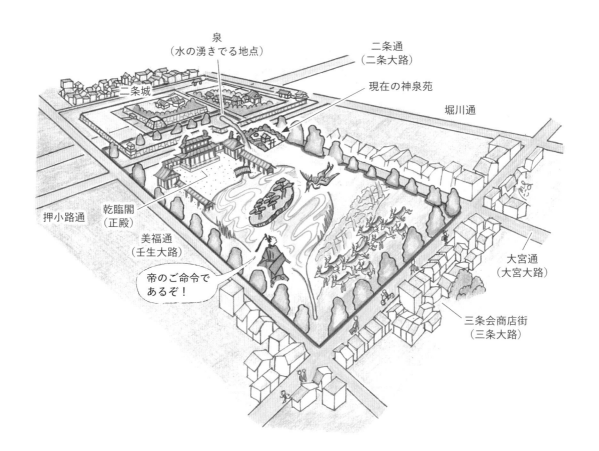

平安時代の神泉苑と現在の二条城

　家康が、神泉苑の一部を取りこんで二条城をつくったので、泉の水がお堀の水となりました。
現在、神泉苑の広さは昔の1/16以下に縮小していますが、市内の中心部に残っている平安時代からの庭は、神泉苑だけです。

※ 絵中の泉の位置はイメージです。

「 五位鷺の名前の由来とは 」

平家物語によると、「延喜の聖帝」とよばれた第60代・醍醐天皇が神泉苑で遊ばれた時、役人に池のそばの鷺(さぎ)を捕(つか)まえてくるように命じられました。役人は「どうせ捕まえられはしない」と思いましたが、「帝(みかど)の命令とあらば、仕方がない」と鷺に近づくと、鷺は飛び立とうとしました。役人が鷺に向かって「帝のご命令であるぞ」と言うと、鷺はたちまち羽をたたんで、その場に伏せました。

役人が捕まえた鷺を帝のもとへ連れて行くと、帝は「そなたが、命令に従って、私の前に参ったことは神妙である。そなたに位を授けよう」とおっしゃって、五位の位を与えられました。以来、この鳥は五位鷺(ごいさぎ)とよばれるようになりました。

参考:『花洛細見図』1704年

神泉苑に泉がわく理由

神泉苑に泉がわく理由は、京都の地質に関係しています。

神泉苑のある御池通と大宮通の辺りから南の土地は、水を通しにくい粘土層でできています。一方、神泉苑より北側と東側の土地は、砂や小石(礫(れき))からなる水を通しやすい砂利の層です。

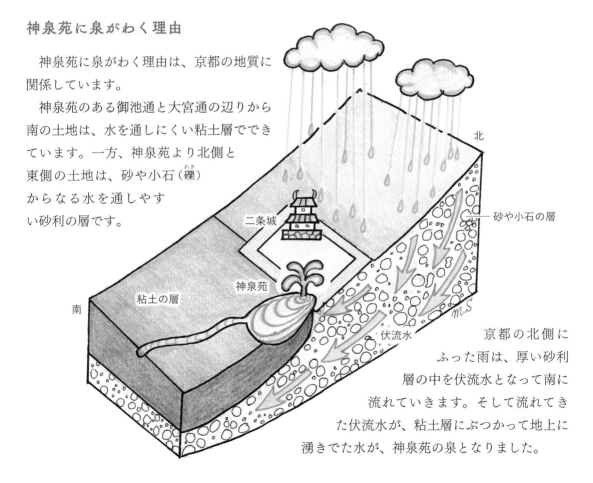

北

砂や小石の層

二条城

神泉苑

粘土の層

南

伏流水

京都の北側にふった雨は、厚い砂利層の中を伏流水となって南に流れていきます。そして流れてきた伏流水が、粘土層にぶつかって地上に湧きでた水が、神泉苑の泉となりました。

2 信長の頃 (440〜450年前頃)

　室町時代の中頃、11年間続いた応仁の乱で、上京エリアを中心に京都は焼け野原になりました。しかしその後、復興し、惣構とよばれる防壁に囲まれた上京と下京の二つの町ができました。二つの町をつなぐのは、室町通一本だけでした。

　織田信長は、上京と下京の間に室町幕府15代将軍・足利義昭のために御所をたてました（15頁）。この御所は今、旧二条城とよばれています。その後、信長は自分のために二条御新造をたてましたが、後に、正親町天皇の皇太子の誠仁親王に献上しました。

　1582年、信長は備中（岡山県）で毛利氏とたたかっている豊臣秀吉を応援するため、途中、京都に入り、宿泊した本能寺で家臣の明智光秀に攻めこまれて亡くなりました（本能寺の変）。

　信長の頃、平安京の大内裏の跡地は、荒廃した空き地で内野とよばれ、蕪の名産地となっていました。堀川二条の辺りも、まだまださびれていました。

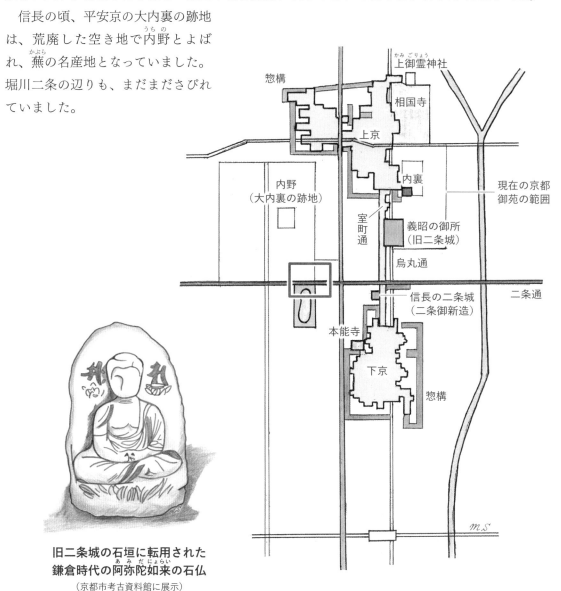

**旧二条城の石垣に転用された
鎌倉時代の阿弥陀如来の石仏**
（京都市考古資料館に展示）

3 秀吉の頃（430年前頃）

　豊臣秀吉は、1587年、平安京の大内裏の跡地（内野）に、政庁兼邸宅として聚楽第をたてました。

　聚楽第の周りには、臣下の大名などが住む武家エリア、足軽が住むエリア、金融商、呉服商、材木商、米屋、薬屋、各種の職人などが住む商業エリアからなる城下町が形成されました。堀川二条の辺りは商業地帯となり、たくさんの民家がたっていました。

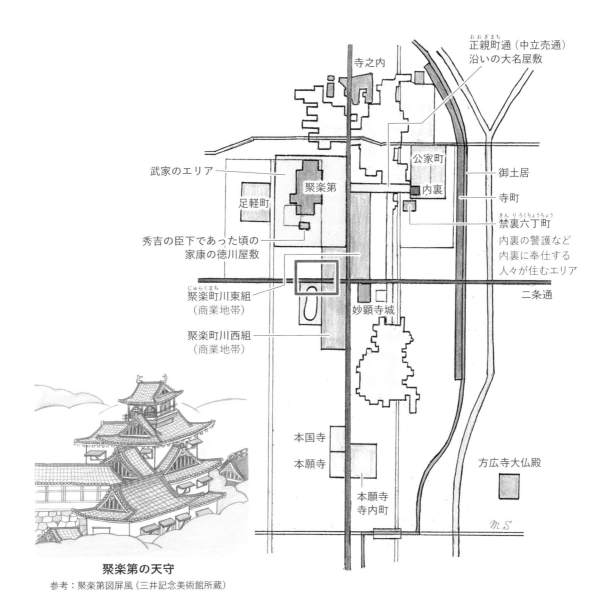

聚楽第の天守
参考：聚楽第図屏風（三井記念美術館所蔵）

4　3代将軍・家光の頃（380年前頃）

　家康は、聚楽町川西組の民家4〜5000軒を立ち退かせて、秀吉の聚楽第の南方をふさぐ位置に、二条城をたてました。城には神泉苑の一部も取りこんで、堀の水に利用しました。

　城の周りには、京都の治安、行政などを担当する京都所司代の屋敷などがたち、市中には全国の大名の京屋敷がたっていました。京都は天皇の住む都であるとともに、東の江戸に向かって大手門を開く二条城の城下町にもなりました。

　二条通の東の端には、角倉了以（234頁）によって伏見まで運河（高瀬川）が通されて、大坂への水運も便利になりました。しかし二条城の西側には、まだまだ畠が広がっていました。

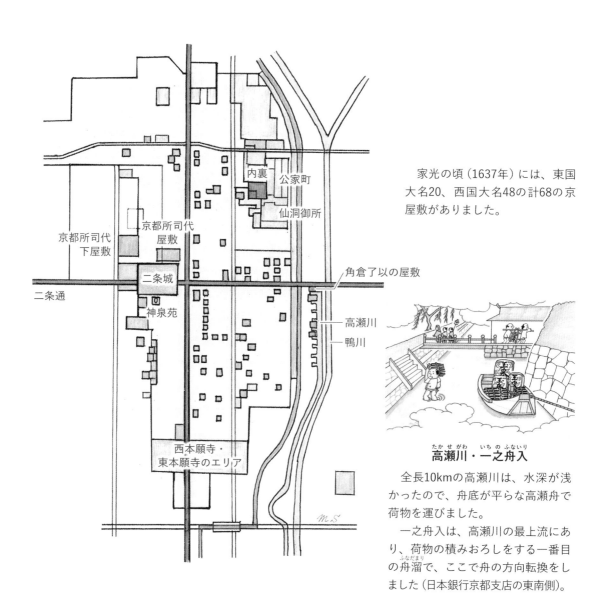

　家光の頃（1637年）には、東国大名20、西国大名48の計68の京屋敷がありました。

高瀬川・一之舟入

　全長10kmの高瀬川は、水深が浅かったので、舟底が平らな高瀬舟で荷物を運びました。
　一之舟入は、高瀬川の最上流にあり、荷物の積みおろしをする一番目の舟溜で、ここで舟の方向転換をしました（日本銀行京都支店の東南側）。

コラム 「家光の三笠閣」

　三笠閣は、かつて二の丸庭園にあったとされる建物です。

　家光が伏見城で将軍宣下をうけるため、1623年に初めて上洛した時に、江戸城の作事奉行・佐久間将監に命じて、二条城内にお茶室としてたてたといわれています。

　その後、二の丸庭園に後水尾天皇のための行幸御殿をたてるために、三笠閣は家光の乳母の春日局に与えられ、その孫の老中・稲葉正則の江戸屋敷に移されました。

　明治時代に公爵の二条家に移された建物は、大正時代に、生糸貿易商の原富太郎（原三渓）が二条家からゆずりうけて、現在の三渓園（横浜市）の山すそに、秋の紅葉を楽しめるように「聴秋閣」と名付けられて保存されています。

　なお、聴秋閣は二条城ではなく、江戸城にあった建物であるという説もあります。

もし今も、三笠閣が二の丸庭園にあったら

　建物は柿葺き屋根の二階建です。高さが異なる三つの屋根を組みあわせた外観をしているので「三笠閣」とよばれました。一階の入口には、木製のタイルをしきつめて、舟からそのまま座敷にあがれるようになっています。

家康の時代

1　家康の二条城

　1600年、関ヶ原の戦いに勝った家康は、全国を統一するために、東国の江戸よりも京都を中心に、武家や公家をはじめ一般庶民にまで、徳川家の権力を示すことに努力しました。

　まず1601年に、関ヶ原の戦いの前哨戦で焼失した伏見城（内裏まで15km）を再建し、政治の拠点としました。さらに、内裏の天皇をまもるため、そして上洛の際の居館とするために、内裏の近く（内裏まで2.5km）に、二条城をたてました。

神泉苑

東御座神輿　　　　　　　　中御座神輿

家康の二条城

　二条城は堀と石垣、多聞塀に囲まれ、東と北の大手門を除いて、外界との交通はたたれています。さらに城の北西の隅には、京の町を見下ろすかのように五重の天守がそびえています。

　これまで平屋建ての内裏や公家の屋敷を見慣れていた京の人々は、内裏のそばに、外部を威圧して人を寄せつけない姿の二条城の登場に驚いたことでしょう。

　京の町衆は、大坂冬の陣に勝利したあと二条城に滞在していた家康に見てもらおうと、祇園祭の神輿を堀川通に繰りだしました。

参考：洛中洛外図屏風・池田本

二条城は、初代・京都所司代の板倉勝重を総監督、中井正清を大工頭として、西国の外様大名に担当させて、その財力をすり減らすために、天下普請（御手伝普請）として築城されました。

　1603年３月、伏見城で将軍宣下をうけて征夷大将軍となった家康は、４月、新造された二条城にはじめて入り、二条城から内裏の後陽成天皇のもとへお礼の参内（拝賀の礼）をしました。その後、二条城に重臣や公家を招いて祝賀の宴を開きました。

　以後、秀忠、家光も、同じように、伏見城で将軍宣下をうけて、後日、二条城から内裏へお礼の参内をしています。

板倉勝重（1545〜1624）

　譜代大名の板倉勝重は、家康のもとで、駿府や江戸の町奉行をへて初代の京都所司代をつとめました。京都の治安維持や朝廷や公家、大坂の豊臣家、西日本の諸大名の監視にあたり、その優れた裁きは、板倉裁きとして有名でした。二代目の子の重宗も名所司代として有名です。

参考：板倉勝重像（愛知県西尾市・長圓寺（板倉家の菩提寺）所蔵）

中井正清（1565〜1619）

　中井正清は、奈良の法隆寺出身の大工棟梁で、徳川幕府の初代・大工頭として、二条城のほか、内裏、江戸城、名古屋城、知恩院（浄土宗を信仰する徳川家の菩提寺）などをたてました。

参考：大工頭中井家関係資料

黒書院

二の丸庭園

家康の天守（慶長期天守）が今も二条城にあったら…

洛中洛外図屏風・上杉本の細川殿（細川管領邸）
二条城は室町時代の武家屋敷の進化形

　上杉本は、狩野探幽の祖父・永徳が、二条城の築城よりも約40年前の京都の景観をかいた洛中洛外図です。

　上杉本には、室町幕府の最後の管領・細川氏綱の館である細川殿がかかれています。細川殿は、右から遠侍、主殿、常御殿、会所が雁行式（127頁）に並び、会所の前には、大きな池のある庭がありました。池には橋がかかり、池の周りには立派な石組がみえます。

　武家屋敷の中心的な建物を主殿とよび、主人はここで接客をしました。

　主殿の広縁中央には、唐破風の屋根をもつ車寄があり、客は車寄から主殿に入りました。主殿とは別棟に、遠侍（外侍）がもうけられ、警護の武士が詰めていました。

　細川殿の建物の配置は、家康の二条城にも引きつがれています。

　細川殿の周囲に石垣と多聞塀をめぐらし、大手門と天守をたてれば、家康の二条城とほとんど同じ構造になります。

　細川家は、将軍に次ぐ役職である管領を代々つとめた家で、小川通と上立売通の東北の角にありました。

　細川殿の庭にあった天下の名石・藤戸石は、信長が足利義昭のためにたてた旧二条城に運びました。その後、秀吉が藤戸石を山科の醍醐寺三宝院に移して、今も庭の真中にすえられています（15頁）。

家康の二条城のイメージ

　家康の二条城は、堀をめぐらし、石垣と多聞塀で四周を固めていますが、建物の構成は、室町時代の足利将軍や細川管領の屋敷とほぼ同じでした。

　しかし、内裏のそばに、わざわざ天守をたてたのは、家康が京中に将軍の権威を見せつけようと考えたからかもしれません。

　各御殿の屋根は柿葺ですが、煙出しのある台所の屋根だけは燃えにくい瓦葺です。

　二条城を築城した時、堀が狭かったので、家康は堀を二間（４m弱）ばかり広げました。

　家臣たちが「もう少し広げましょう」と申しあげましたが、家康は「いや、これで十分である。もし、この城が攻め込まれたとしても、少しの間はもちこたえるであろう。その間には、近畿の城々から後詰（応援部隊）が来て、そのうちに江戸から大勢がかけつけるであろう。万一、敵に攻められた時、取り返すのにも都合が良い。わざわざ堀の幅を広くすることはない」と言いました。

　家康は、またある時「堀は幅を狭くして、堀底で槍をふり回されない程度にするのが良い。また、堀は城の方を斜めにして、向かい側を急にするべきである。水堀も狭くして、舟が自由に動けないのが良い。堀が狭いと、寄手（攻め寄せる敵）を鉄砲でうちやすいのも良い」と言いました（東照宮御実紀、附録巻十一、古人物語）。

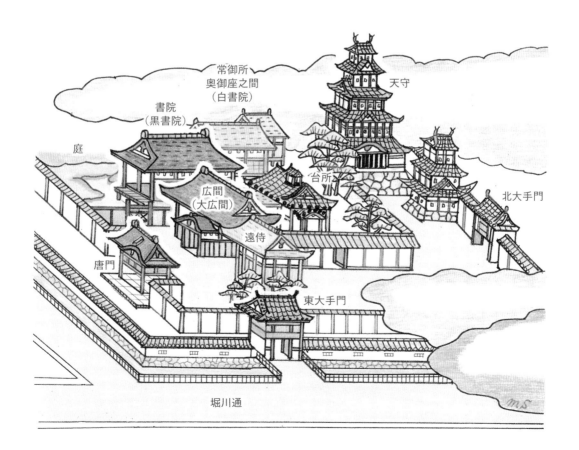

2 家康と秀頼の会見

　1605年、家康はわずか2年で将軍職を三男の秀忠にゆずって、大御所とよばれるようになり、幼いころに住んでいた駿府(静岡市)に隠居しました。

　1611年、家康は、後水尾天皇の即位の式典に出席するため、駿府から上洛しました。この時、即位式とは別に、家康は、秀吉の正室・高台院(ねね)などを通じて、秀頼が上洛して家康に挨拶することを求めた結果、二条城で会見が行われました。

　家康の孫・千姫(秀忠の長女)は秀頼に嫁入りしていたので、家康にとってこの会見は、孫娘の夫との久しぶりの対面でもありました。

　秀頼は、千姫や母の淀殿(秀吉の側室)と暮らしていた大坂城から舟で淀川をのぼって、伏見から二条城に入りました。家康は秀頼を御殿の庭先まで出迎えて、「御成の間」で祝宴を開きました。

　父の秀吉は小柄でしたが、19歳の秀頼は、六尺以上の堂々とした体格の立派な男性に成長していました。

　酒の席では、家康が、まず最初の杯を飲みほして、それを秀頼に与えたことより、秀頼が家康に従う形となりました。

　会見は2時間ほどで終了しましたが、会見後、家康は家臣に「秀頼は、なかなか賢く育ったものじゃ。あれは、他人の言いなりになるような男ではない」ともらしたと言われています。

　家康が、見事に成長した秀頼の姿を二条城でみたときに、豊臣家の運命は決したのでした。

豊臣秀頼(1593〜1615)
　秀頼は、身長6尺5寸(197cm)、体重43貫(161kg)と、大変大きな体でした。

参考：豊臣秀頼像(京都市・養源院所蔵)

※ 現在、家康の頃の図面が残っていないため、「御成の間」が御殿のどの場所にあったのかは不明です。

京都の町衆

堀川通

万一の場合は、
この短刀で…

秀頼は、なかなか
立派に成長した
ものじゃ…

ねね

加藤清正

秀頼

家康

　会見には、ねね（高台院）も同席しました。
　かつて秀吉に取りたてられて、秀吉にご恩を感じている加藤清正は、万一の際に、秀頼をまもるため、懐に短刀をしのばせて、秀頼の後ろでひかえていました。
　会見の成り行きを心配していた人々は、秀頼が二条城から無事に戻ってきたのをみて、会見がうまくいって、戦のない世の中が続くことを大いに喜びました。
　「二条城の清正」の話は、歌舞伎の演目にもなっています。

コラム 「秀頼と母の淀殿」

　絵は、大坂冬の陣の時の様子です。
　大坂城内の屋敷で、秀頼は右膝を乗り出して、兵士の報告を聞いています。
　秀吉の側室「ちゃちゃ」は、淀城（秀吉の淀古城）に住んでいたので「淀殿」とよばれました。
　淀殿は、長男の鶴松を淀城で生んだ後、大坂城にうつりました。鶴松は三歳で亡くなりましたが、その後、大坂城で秀頼が生まれました。

大坂冬の陣で、戦況をきく秀頼と淀殿
参考：大坂冬の陣図屏風（東京国立博物館所蔵）

3 大坂冬の陣、夏の陣

　二条城で家康が秀頼と会見した時、家康は69歳、秀頼は19歳でした。このころ、京都では「御所柿（家康の天下）はひとり熟して落ちにけり、木の下にいて拾う秀頼」という狂歌（しゃれや風刺をきかせたこっけいな短歌）がはやっていました。

　家康は、二条城で会った秀頼が立派に成長していただけではなく、加藤清正など秀吉にご恩を感じている大名たちが、秀頼に豊臣家の再興を期待していることを強く感じとり、「豊臣家の存続は、徳川家のためにはならない」と思うようになりました。

　家康は、秀頼のいる大坂城に対抗できるように、全国の大名を動員して、天下普請（御手伝普請）で、二条城、伏見城、江戸城、駿府城、最後に名古屋城を完成（1614年）した後、大坂の陣をおこしました。

　秀頼が1614年に再建した方広寺の鐘の銘文に、たまたま「国家安康」「君臣豊楽」という文字がありました（73頁）。家康は「この銘文は、家康を真っ二つにして、豊臣家の繁栄を願うものである」と言いがかりをつけて、秀頼に戦をしかけ、二条城から出陣しました。この時、二条城は「式典のための城」から徳川幕府の本営という「戦いのための城」に変わりました。

　家康は全国の大名を動員して総勢20万の大軍で大坂城を攻撃しました（大坂冬の陣、1614年12月）。しかし、大坂城の守りは堅く、家康は、長期にわたる冬の戦いは不利であると考えて、大坂城の堀を埋めることを条件に、豊臣方といったん、和睦を結びました。

　そして翌年、再び出陣して、とうとう豊臣氏をほろぼしました（大坂夏の陣、1615年6月）。

　かつて大坂城が完成した時、上機嫌の秀吉は配下の武将たちに「この城を攻め落とすには二通りしかない。一つは、城を包囲して、長い年月をかけて兵糧攻めにする方法。もう一つは、いったん、講和して堀を埋めて城を丸裸にしてから、再び攻めれば、この難攻不落の城もきっと落ちるであろう」と語ったことがありました。この時、その場に家康もいたという話があります。

大坂夏の陣で出陣する家康

　「生涯打ち止めの最後の戦」とするべく出陣した家康でしたが、馬上の家康は、鎧兜姿ではなく、烏帽子をかぶり、陣羽織をはおった軽装の姿でした。

　家康の周りを護る兵士の中には、暑いので手ぬぐいで額の汗をぬぐっている者もいます。

参考：東照社縁起（日光東照宮所蔵）
東照社縁起は、家康が生まれてから東照大権現として日光に鎮座するまでの伝記で、狩野探幽が絵をかきました

家康、最後の戦い・大坂夏の陣へ

　家康は、1万5000の兵を従えて、大坂城へ二度目の出陣をしました。

　家康は「今回の戦は、そんなに手間どらないであろう。大部隊も必要ないだろう。三日程度の食料をたずさえて出発するように」と指令を出しています。家康の三日分の兵糧は、「米五升、干鯛一枚、味噌、鰹節、香の物すこしばかり」でした。

　家康は、慶長二十年の五月五日（1615年6月1日）に二条城から出陣し、三日間の激戦の末、豊臣家を滅ぼしました。この戦いで秀頼と淀君は亡くなりましたが、家康の孫・千姫は助け出されました。

大坂城

　徳川幕府は、豊臣氏を滅ぼした後、一国一城令を出して、大名が住む本城以外のすべての支城を取り壊すように命令しました。また、「武家諸法度」、「禁中並公家諸法度」、「諸宗諸本山・諸法度」を公布し、幕府の反対勢力を一挙に抑え込んで、安定した徳川政権を確立しました。

　こうして応仁の乱から150年続いた戦乱の時代は終わり、年号は「慶長」から平和のはじまりを意味する「元和」と改元され、「武器を納めて用いない」という意味の「偃武」という単語をつけて「元和偃武」とよばれる太平の世の中になりました。

4 家康の神輿見物

　6月に、大坂夏の陣で豊臣家を滅ぼした家康は、9月まで二条城に滞在しました。
　京の町衆は、祇園祭（祇園御霊会）の後祭で神泉苑まで渡御する神輿を家康に見てもらおう
と、いつものコースを変更して、二条城の前を通りました。

久世駒形稚児
（荒御魂）

中御座神輿
（和御魂）

家康の神輿見物（勝興寺本の二条城（部分））
慶長二十年（元和元年）六月十一日の実景（1615年7月9日）
　スサノヲノミコトが乗られる中御座御輿の六角形の屋根の上には、鳳凰がかざられています。
　スサノヲノミコトの奥さんであるクシイナダヒメノミコトが乗られる東御座御輿（28頁）の四
角形の屋根には、ネギの花をかたどった宝珠がかざられています。

　※ 絵の神輿と駒型稚児の位置は、勝興寺本における位置からは、少し移動しています。

この駒形の荒御魂と神輿に
のられた和御魂が一体となって、
祇園御霊会の神事を行います

久世駒形稚児

　八坂神社（京都市東山区）の祭神スサノヲノミコトは、穏やかな心をもつ和御魂です。一方、綾戸國中神社（京都市南区）の祭神もスサノヲノミコトですが、こちらは荒々しい勇猛な魂、荒御魂です。

　二つの神社の神様は一体にして二神、二神にして一体といわれ、和御魂と荒御魂が一体になって祇園祭の神事を行います。

　後祭の山鉾巡行がすんだ還幸祭の夕刻、中御座神輿は、馬に乗った久世駒形稚児に先導されて、平安時代に祇園祭の始まりとなった神泉苑まで渡御したのちに、八坂神社に戻ります。

　馬上の稚児は、胸の前に綾戸國中神社の御神体である木彫りの馬の首（駒形）をかけています。

祇園御霊会は、目の前を
通っている神輿にのって
おられるスサノヲノミコト
のお祭りです

家康

秀忠

東大手門の前で神輿を見物する家康と秀忠

　東大手門の橋の上では、扇子を手にした家康と秀忠が緋毛氈にすわって、神輿を見物しています。左手には、赤い数珠を持っているようです。

　緋毛氈の前では、町衆が二人に祇園祭について説明しています。

参考：洛中洛外図屏風・勝興寺本（狩野孝信（永徳の次男）筆、富山県高岡市・浄土真宗本願寺派・勝興寺所蔵）
この屏風は、江戸時代中期の関白・鷹司政熙の娘の一人が、勝興寺に嫁入りした際に、嫁入り道具として持参した屏風で、二条城をかいた洛中洛外図屏風としては、最も古いものです。

5 南蛮人の二条城訪問

　ポルトガル人やスペイン人は、南の方からきて、目や髪の色が違うので、南蛮人とよばれました。

　1615年9月23日、南蛮人の一行が、二条城の家康を訪問しました。

　家康は、南蛮人の訪問をうけた後、9月26日、二条城から駿府城（静岡県）に戻り、翌年の6月1日、駿府城で亡くなりました。

南蛮人の二条城訪問
　一行は、十字の旗を先頭に、家康に献上するための麝香猫や孔雀、雉子など珍しい鳥や獣をつれています。堀川通では、人々が一行を見学しています。

参考：洛中洛外図屏風・島根県美本（島根県立美術館所蔵）

コラム 「家康が政治の拠点とした伏見城」

　秀吉は、1592年、伏見の指月に隠居屋敷をたてましたが、その後、指月伏見城（指月城）として整備しました。指月伏見城は、1596年の慶長伏見大地震で倒壊したため、秀吉は直ちに北東1kmの位置にある木幡山に木幡山伏見城を築きました。

　1598年、秀吉は木幡山伏見城で亡くなり、秀吉の遺言によって、家康がこの城を守っていました。

　1600年、家康が会津（福島県）の大名・上杉景勝の征伐（会津征伐）に向かっている間に、関ヶ原の戦い（岐阜県）の前哨戦（伏見城の戦い）で、木幡山伏見城は豊臣方の西軍に攻められ、焼き払われてしまいました。関ヶ原の戦いに勝利した家康は、1601年、伏見城を再建し、政治の拠点としました。

　1603年、家康は伏見城で、朝廷から征夷大将軍の宣下（将軍宣下）を受けました。その後、2代・秀忠、3代・家光も伏見城で将軍宣下を受けています。

　1615年、秀忠が一国一城令を出し、1619年、伏見城の廃城が決まりました。

　1623年、伏見城で家光の将軍宣下が行われた後、伏見城は完全な廃城となり、天守は二条城に移されました。その他の建物も、二条城や福山城（広島県）・淀城（京都市）などに移築されました。石垣の石は、大坂城に運ばれました。

　伏見城の跡は、土を盛って桃の木を植えて桃山となり、天守跡は1912年、明治天皇陵になりました。現在たっている伏見城は、1964年に伏見桃山城キャッスルランドにたてられた秀吉時代の伏見城の模擬天守です。

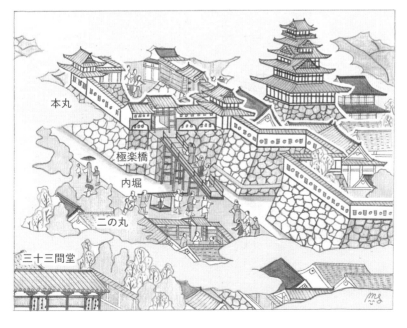

本丸
極楽橋
内堀
二の丸
三十三間堂

家康の伏見城

　家康が将軍であった2年2ヶ月の間、家康が江戸城にいたのは9ヶ月間だけで、多くの期間は、「伏見幕府」といわれるくらいに、伏見城で政務をとっていました。

　絵の天守は、廃城後に家光によって二条城に移築されました。

参考：洛中洛外図屏風
（堺市博物館所蔵、76頁）

6 舟木本の中の家康の頃の二条城

舟木本・二条城の俯瞰

　舟木本・洛中洛外図屏風（東京国立博物館所蔵）は、1615年頃に浮世絵の祖といわれる岩佐又兵衛がかきました。

　左隻の六扇（六面）のうちの左半分（4、5、6扇）には、内裏と二条城がかかれています。絵中の人物には、1606年〜1613年頃の実際の出来事に登場した人々が反映されていると考えられています（黒田日出夫『洛中洛外図・舟木本を読む』）。

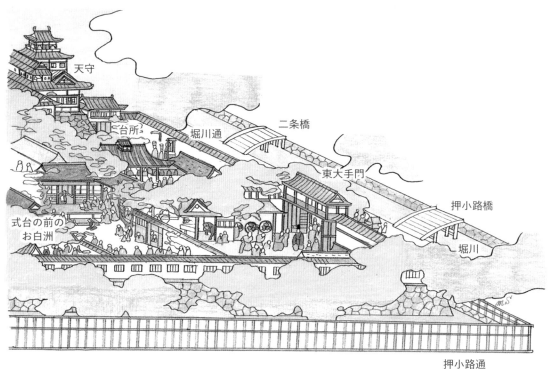

　家康の頃の二条城を南からみた俯瞰図です。

　大きな三角形の頂点には、大和郡山城から移築された天守、その下方には大きな屋根の台所がかかれています。老中の部屋がある式台の南庭（お白洲）にかかれているのは、裁判の様子です。

　堀川には、二条橋と押小路橋がかかっています。

　東大手門からは、公家の一行が入城しています。

　なお、屏風の二条城の上半分には、内裏（紫宸殿、清涼殿、南門など）がかかれています。

天守（家康の慶長度天守）

　高い天守台の上に、金の鯱鉾をのせた三重の天守（実際は、五重の天守）がたっています。

　最上階は、将軍が天守に登った際の御殿となるように、窓は花頭窓で、周りには高欄がめぐらされています。

　下層の壁には、所々、小さな三角形の銃眼があけられて、戦闘にも備えていることがわかります。

北大手門

台所

台所

　台所では、羽織をきた男たちがあぐらをかいて、左手に鉄製の長い真魚箸、右手に包丁をもち、分厚いまな板の上で、鯛や鯉を巧みにさばいています。

　竈の前では、二人の女がおしゃべりをしながら、赤々と炎が噴きだす竈に柴をくべています。竈の煙は、大屋根の煙出しから空に抜けていきます。

　土間では、男たちが柄杓で水をかけながら、毛を抜いた鴨をさばいています。台所の裏手のつるべ井戸でくんだ水を、二人の女が頭の上にのせた桶で運んでいます。

　この台所の様子は、京都所司代の板倉勝重が、「公家衆法度」の制定（1613年）に協力してくれた武家伝奏の広橋兼勝をごちそうで、もてなす準備をしている場面であろうとされています。

　実際は、二条城の北隣にある所司代屋敷での振舞い（慶長十八年七月三日）でしたが、舟木本には所司代屋敷がかかれていないので、二条城での場面になっています。

料理の様子がかかれた洛中洛外図屏風は珍しいです

※ 公家衆法度は五か条からなり、それまで国政に関与していた公家の活動を政治から分離して、公家を学芸の道にいそしむように規定しました。
　武家伝奏は、幕府との交渉を担当した朝廷側の公家の役職です。

式台南庭のお白洲での「板倉さばき」

　式台の南庭（132頁）は、白砂がまかれた白洲になっています。

　「板倉さばき」で有名な初代・京都所司代の板倉勝重（任期：1601〜1619年）と板倉重宗（任期：1619〜1654年）の親子は、裁判をする時は、人々に自由に傍聴させ、その声を聞いて裁決をしたといわれています。

　この場面は、お城の北隣にあった所司代屋敷のお白洲での裁きを、二条城内でなされたようにかいたとされています。

　なお1634年には、家光がこの白洲に京都の町人1000人を集めて、「御代替の上洛のお祝い」として、京都の全ての家々に銀を配っています（75頁）。

後ろ手にしばられた
三人の男たち

お白洲

　　白洲で何事かを訴える赤い着物の女性を前にして、式台の座敷にすわる板倉勝重は、縁側の役人が読みあげる訴状に耳をかたむけています。白洲の周りには、20人以上の人々が「いかなるお裁きがくだるのか？」とかたずをのんで、見守っています。

　　白洲を区切る塀の手前には、後ろ手にしばられた三人の男たちが、お裁きの順番を待っているようです。

東大手門から入城する公家の一行

　所司代の板倉勝重に招かれた武家伝奏の広橋兼勝が、東大手門の外で手輿をおりて入城してきました。大勢の侍が、緊張して出迎えています。

　しかしよく見ると、後方の建物では、男が一人、頬杖をついて眠っています。

　番所には、三葉葵紋の大きな幕がかけられています。隣の馬小屋の縁側では、男二人が毛抜で眉毛を整えています。

　東大手門の側面の壁には、○や△の鉄砲狭間（銃眼）や縦に細長い四角形の矢狭間がみえます。このころは火縄銃の時代でしたが、突然、敵が襲来してきた時に、あわてて種火を起こしている間は、弓矢で応戦する必要があるため、矢狭間も必要でした。

コラム 「二条城が東へ３度傾いてたっている理由」

　二条城の外堀の東北角から堀川通の東端までは約43m、外堀の東南角から堀川通の東端までは約55mあります。南北で12mの差があるのは、二条城が堀川通に対して東に３度傾いてたっているからです。

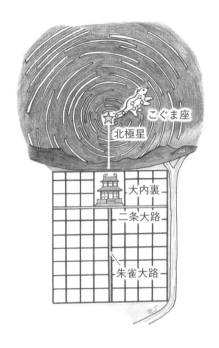

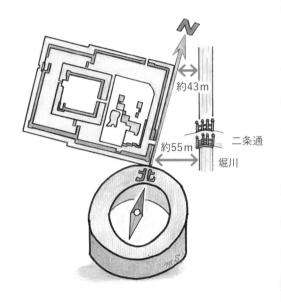

　平安時代、平安京の碁盤の目は、北極星を目印にしてつくられました。

　北極星は、こぐま座の二等星で、地球を南北に貫く地軸の延長線上にあるので、地球のどこから見ても常に真北にあります。

　二条城は、方位磁石のＮ極がしめす北（磁北）を用いてたてられたのではないかと、推測されています。

　方位磁石のＮ極は、地球がもっている磁気に影響されるので、1600年頃は東に３度傾き、現在は西に７度傾いています。

秀忠・家光の時代

1 和子の入内

　家康は、徳川家の娘が天皇に嫁いで、皇室と親戚関係になることを望んでいました。武家の娘が入内した例としては、450年前に、平清盛の娘・徳子（建礼門院）が第80代・高倉天皇に入内（1171年）した例がありました。

　家康の願いが実現したのは、家康が亡くなった４年後でした。

　1620年、秀忠の五女・和子（14歳）が入内して、後水尾天皇（25歳）の女御となりました。和子の読み方は「かずこ」でしたが、入内にさいして、濁音のない「まさこ」に改められました。

　京都の人々は、尾張の田舎から出てきた秀吉が、公家の最高位の関白になって驚きましたが、今度は、遠く離れた江戸から徳川家の娘が入内してきたので、さらにビックリしました。

　和子は、まず江戸城から二条城に入り、二条城に20日間滞在して準備を整えたのち、数百人にお供されて内裏に参入しました。その後、和子は1624年に「女御」から「中宮」となり、1626年の後水尾天皇の二条城行幸に同行しました。

第108代・後水尾天皇
（1596〜1680）
参考：馬堀法眼喜孝画伯
日本国歴代天皇御眞影

※ 天皇の后には、正式な皇后のほかに、中宮、女御、更衣などがいました。
　中宮とは、もともとは「皇后の御所」をさす呼び名でしたが、やがて皇后と同じ資格の「きさき」を意味するようになりました。女御は、皇后、中宮につぐ地位にあった「きさき」で、平安時代の第60代・醍醐天皇の頃から、女御の中から皇后を立てるようになりました。更衣は、もともとは天皇の着衣を手伝った女官のことでした。

東福門院和子（徳川和子）

（1607〜1678）

　和子は、明正天皇（女一宮、興子内親王）をはじめ２男３女を出産しています。後水尾天皇が1629年に譲位した後は、東福門院とよばれました。

参考：東福門院像（京都・光雲寺所蔵）

徳川和子の入内

　和子は、徳川家の家紋のついた牛車に乗って、内裏に向かっています。沿道には、二頭の牛が引く立派な牛車を拝んでいる人もいます。

参考：東福門院入内図屏風（三井記念美術館所蔵）

内裏の中の和子の御殿

　入内に先がけて、小堀遠州が作事奉行となって、和子の女御御殿を内裏の一角にたてました。

　　　　　　女御御殿　　　紫宸殿

　　　　　　　　　　　　　　　　　　　　　　　　　南御門

　　　　　　　　　　　　　　　　　南庭

　台所　　　　　　　　　　　清涼殿　　　　　　　　　　　　土御門大路
　　　　　　　　　　　　　　　　　　　　　　　　　　　　　（上長者町通）

　　　　　　　　　　　　　　　　　　　　東洞院通　　御唐門

　　　　　　　　　　中立売通

後水尾天皇の京都御所（慶長度内裏）

　絵は、右が南の方角です。
　紫宸殿は、即位式や大嘗会など朝廷の大きな儀式（93頁）が行われる内裏の正殿です。和子の御殿は、紫宸殿の北側にあり、内裏の建物としては珍しい櫓のある武家風の御殿でした。
　三葉葵の紋でかざられたたくさんの嫁入り道具が、中立売通をへて内裏の四脚門から運びこまれています。和子の嫁入り道具は、屏風だけでも30双（2枚一組の屏風が30組）ありました。
　紫宸殿と女御御殿をつなぐ廊下では、女官たちが準備に忙しそうです。

参考：『新発見　洛中洛外図屏風』

2 寛永行幸

　天下を支配した武士が、自分の館(やかた)に天皇をお迎えすることは、この上もない喜びであり、天皇のもとで将軍の地位を確立することでもありました。

　室町時代、後円融(ごえんゆう)天皇が室町幕府の３代将軍・足利義満(あしかがよしみつ)の花の御所(北小路室町第)へ行幸(1381年)され、後小松天皇も義満の別荘・北山殿へ行幸(1408年)されました。また後花園天皇は６代将軍・義教(よしのり)の室町殿へ行幸(1438年)しておられます。

　そして38年前(1588年)には、後水尾天皇の父・後陽成(ごようぜい)天皇が、関白・秀吉の聚楽第(じゅらくだい)に行幸されました(18頁)。

　1623年に、徳川幕府の将軍職が、秀忠から家光にうけつがれた事をきっかけに、1626年の秋をめざして後水尾天皇の二条城行幸が計画されました。

私は、父・家康とともに数々の戦(いくさ)をたたかってきた

２代将軍・徳川秀忠 (1579〜1632)

　家康の３男。元服(げんぷく)の時、豊臣秀吉から秀の一字をあたえられて秀忠と名のりました。

　２代将軍として、徳川幕府の全国支配を安定的なものにしました。

参考：徳川秀忠像(東京都台東区・松平西福寺(まつだいらさいふくじ)所蔵)

私は、生まれながらの将軍である。一度も戦を経験していない…

３代将軍・徳川家光 (1604〜1651)

　秀忠の次男。家光は20歳で将軍に就任した時、外様大名(とざまだいみょう)を集めて「祖父や父とは違い、自分は生まれながらの将軍である。これからは、外様大名も、譜代大名と同様に家来として扱うから、そのように心得るように」と言って、外様大名の謀反(むほん)を抑えました。

参考：徳川家光像(岡山市・金山寺(きんざんじ)所蔵)

寛永度造営の二条城

　行幸の二年前から、二条城の増改築が始まりました。城のエリアを西側に拡張して、新設した本丸に天守を新しくたてました。

　増改築により、二の丸が本丸を取り囲む形の城となり、家康時代に本丸であったエリアは二の丸の東部分になりました。

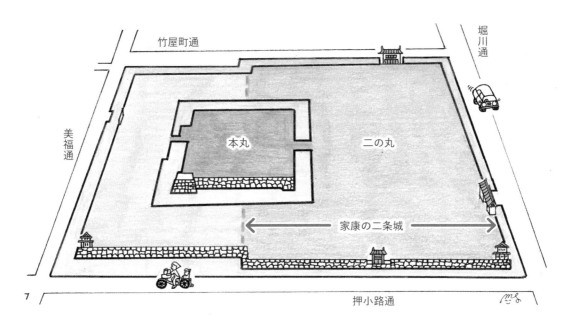

二条城の縄張（平面設計）

　北と南の石垣のくびれた部分より東側（右側）が、家康時代の二条城のエリアです。

　本丸の２倍の面積をもつ二の丸は、本丸をぐるりと取り囲んでいます。この縄張りは、敵の攻撃から本丸を均等にまもることができる理想的な縄張です。

　増改築の際、本丸と二の丸の堀と石垣は、８つの受け持ち区域に分けられて、将軍家の親戚の尾張（名古屋）や紀伊（和歌山）の親藩や譜代大名の計８藩が土木工事を担当しました。

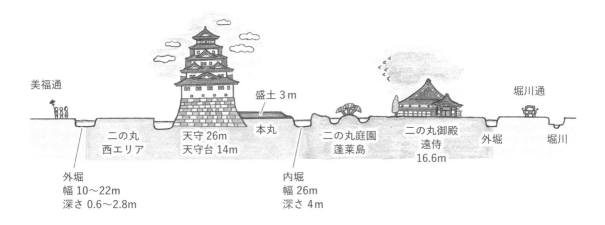

本丸と二の丸の建物

　二条城の増改築は、土木工事の「普請（ふしん）」の後、建築工事の「作事（さくじ）」が行われました。

　まず本丸を新設するために、城域を西方へ拡張して、内堀をほって、石垣をきずくなどの普請が半年間行われました。工事費用は、担当した8藩が負担しました。

　次に、作事奉行のリーダー小堀遠州（こぼりえんしゅう）の監督のもと、大工頭の中井正侶（なかいまさとも）（中井正清の子ども）らが建築を担当しました。建築費用は、幕府の経費でまかなわれました。

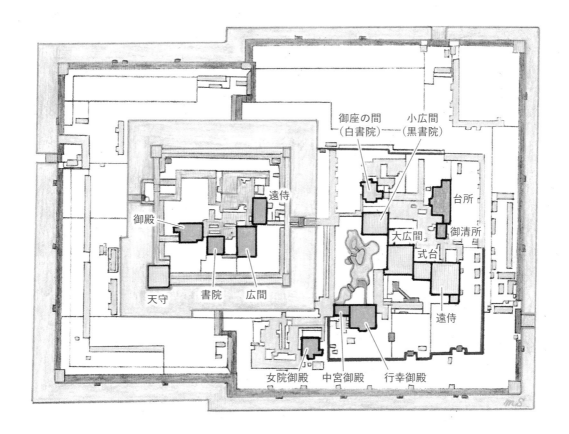

　台所は、徳川家の儀式や朝廷の使者をもてなす際に、たくさんの食事を作る必要があるので大きな建物になっています。また、戦（いくさ）の際には、台所は兵士の食事を作る重要な施設で、広い土間には、かまどがたくさん並んでいます。

　御清所（おきよどころ）は、料理を盛りつけて配膳する場所で、床がはられて大きな囲炉裏（いろり）があります。

　なお二条城には、江戸城にあったような大奥の建物はありません。

　　　　　　　　　　　　　参考：二条御城中絵図（1843年、京都大学附属図書館所蔵）

※ 行幸当時、白書院の北側には、家光の寝室として、御風呂場と御台所をともなった別の御殿があったとされますが、行幸後に移築されている（73頁）ため、くわしいことはわかりません。

小堀遠州（1579〜1647）

　二条城の増改築では、小堀遠州が4人の作事奉行の筆頭として活躍し、二の丸御殿の白書院や行幸御殿などの造営と庭の改修を担当しました。

　遠州はまた、徳川家の城、朝廷の御所、茶室、庭園なども多数、設計・建築したほか、茶人として家光の茶道師範もつとめました。

　絵の遠州は、ゆったりとした水干を着て、かたわらに剣をおき、目をとじて、脇息に身をあずけています。作事奉行としての長い人生や将軍の師範としての気苦労の多い日々をしみじみと思い出しているのかもしれません。

参考：小堀遠州像（伝狩野探幽筆、孤篷庵所蔵）

寛永行幸時の二条城

　本丸の天守は、1623年に廃城になった伏見城から移築した天守です。
　現在の二の丸御殿の屋根は瓦葺ですが、行幸時は柿葺で、遠侍の車寄だけが檜皮葺でした。

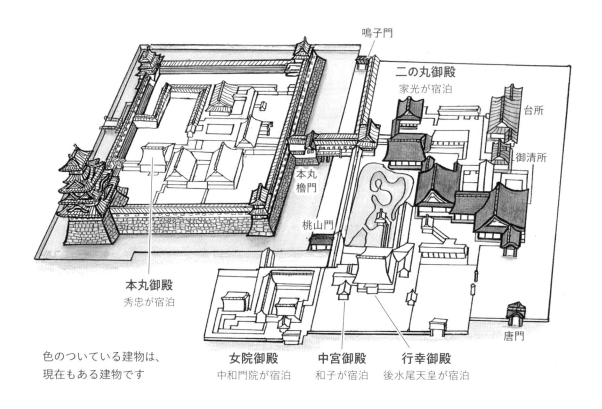

鳴子門

二の丸御殿
家光が宿泊

台所

御清所

本丸
櫓門

桃山門

唐門

本丸御殿
秀忠が宿泊

色のついている建物は、
現在もある建物です

女院御殿
中和門院が宿泊

中宮御殿
和子が宿泊

行幸御殿
後水尾天皇が宿泊

行幸時の二の丸の建物

　庭園の南側には、後水尾天皇の行幸御殿、奥さんの中宮和子の中宮御殿、天皇の生母・中和門院の女院御殿のほか、台所、局、車舎、門など、たくさんの建物がたてられました。建物は、宮廷側の希望も取りいれて、天皇が普段すごしておられる内裏の御常御殿などの間取りを参考にして設計されました。

　御殿は５日間だけの仮の御所でしたが、総ヒノキ造の豪華な建物で、御殿内の障壁画は、狩野探幽一門が担当しました。

　二の丸御殿の大広間の南側には、客をもてなす能舞台がもうけられました。

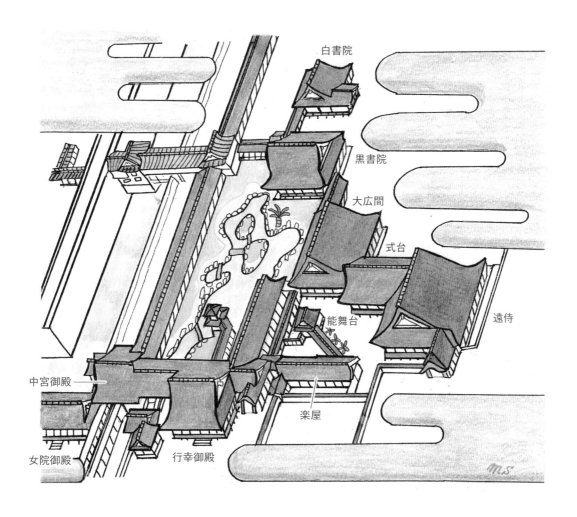

橋廊下

増改築時、本丸と二の丸の間の内堀には、15mの橋廊下がかけられました。

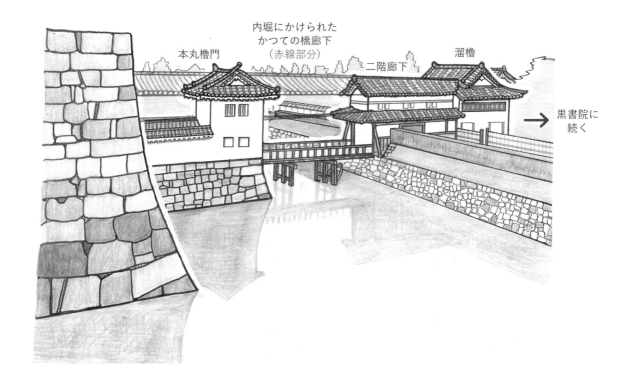

橋廊下は、一階が普通の木橋、二階が6本の柱で支えられた空中廊下でした。

二の丸の黒書院から廊下をへて、二階建ての溜櫓から二階廊下にあがります。この二階廊下は、内堀の上で橋廊下となり、本丸櫓門をへて、本丸御殿の遠侍に続いていました。

橋廊下は、1687年に撤去されましたが、接続する溜櫓と二階廊下部分は1930（昭和5）年に解体されるまで残っていました。解体された部材は、現在、二の丸米蔵（199頁）に保管されています。

本丸は、内堀を掘った時にでた土を積みあげているので、二の丸の地面よりも3m高くなっています。本丸のほうが高いので、二階廊下を渡るとちょうどよい具合に、そのまま本丸の遠侍に行くことができました。

なお、橋廊下の復原設計図（神奈川大学 西和夫教授作成）が、1982（昭和57）年に京都市に提出されています。

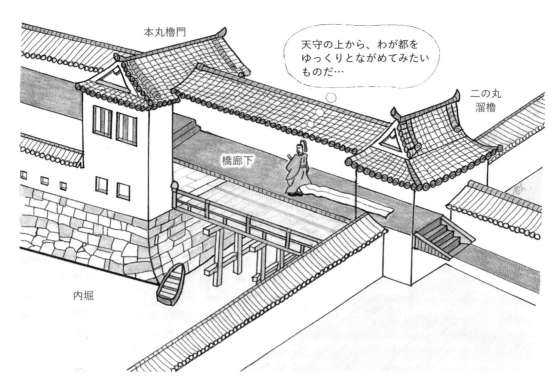

本丸櫓門

二の丸
溜櫓

天守の上から、わが都を
ゆっくりとながめてみたい
ものだ…

橋廊下

内堀

橋廊下を渡られる後水尾天皇

　後水尾天皇は二条城に滞在中、二度、行幸御殿から橋廊下を渡って、本丸の天守にのぼって
京都の街をながめられました。
　通路には赤い毛氈が敷かれ、天守の壁の狭間は御簾をかけて隠されました。

**1626年から、ここにある
礎石**

　橋の左右のたもとには、
かつて橋廊下の柱を支えて
いた直方体の礎石が、今も
残っています。
　礎石の上面は33cm四方
で、礎石の半分以上は地中
にうまっています。

3 五日間の行幸の内容

　後水尾天皇ご一家は、二条城に4泊5日、滞在されました。公家、武家、寺社関係者も、二条城に招かれ、毎日、行事や豪華な食事の宴が、主に行幸御殿で催されました。

　この一大行事で、徳川家が天皇家を尊重することで、広く世の中に徳川家の「力」と「徳」を誇示しました。

（1）行幸一日目

　行幸の日の朝、まず、中宮和子、中和門院（後水尾天皇の生母）、女一宮（後の明正天皇）など後水尾天皇のご家族を二条城にお迎えしました。その後、今度は、将軍・家光が、後水尾天皇をお迎えするために、内裏に参内しました。

行幸の初日、白書院を出て、車寄で待つ牛車に向かう家光

　行幸の初日、家光は後水尾天皇をお迎えするために、御所に参内しました。この参内は、聚楽第行幸時に、秀吉が後陽成天皇をお迎えに参内した例（18頁）にならっています。

　二の丸御殿に泊まっていた家光は、衣冠礼服姿に身を整えて、遠侍の車寄でまつ牛車の所まで、雁行する廊下の中央をしずしずと進みました。広い廊下の両端には、幕臣が平伏しています。

　廊下は将軍が通るため、天井は格天井で、各部屋の障子の紙は廊下側を表にして貼られています。

この日に備えて、京都には、全国からほとんどの大名が集められていました。家光は、これらの大名を従えて内裏にむかい、京都の人々に、将軍を頂点とする幕府の存在を強く印象づけました。大御所・秀忠は御所には参内せず、二条城で天皇をお迎えしました。

　夕方、後水尾天皇は二条城に到着され、行幸御殿での初日の儀式、晴れの御膳（宴）にのぞまれました。宴では、天皇と同じ座敷で秀忠、家光もお相伴しました。

　天皇が使われる食器などの御膳具は純金製で、中宮、女院、姫君方の御膳具は金銀とりまぜて作られていました。これらの御膳具は、小堀遠州が全てそろえました。

行幸の初日、二の丸御殿を出る家光

　絵は、家光の牛車が、二の丸御殿の車寄（128頁）から出てきた場面です。

　行幸の時、多くの公家や武将も牛車に乗りましたが、二頭立ての牛車に乗ったのは、中宮和子と家光の二人だけでした。

中宮和子のお里帰り

　女御から中宮となった和子は、皇室に入内する際に通った同じ道を6年後、今度は反対方向に行啓（天皇の后の外出）しました。二条城への「行啓」は、父や兄の待つ城への「お里帰り」でもありました。

　和子は、入内後、一度も江戸に帰らなかったので、この行啓が唯一のお里帰りでした。

　和子の牛車は、6年前と同じ、徳川の家紋のついた二頭立ての牛車です。入内のときには、牛車のすぐそばには、腰に刀をさした徳川家の侍たちがお供していました。

　今回は、牛車は房飾りでかざられ、そのそばには刀を持たない公家がお供しています。そして、公家の外側を刀をさした侍が従いました。

　牛車には後ろからのります。おりる時は、牛をはずした後に、前からおります。桟は乗降用の階段で、榻は轅をおく台です。

参考：二条城行幸図屏風（泉屋博古館所蔵）

58

中立売御門をでる後水尾天皇の鳳輦

　帝がのられた鳳輦は中立売御門をでて、中立売通を西へむかっています。鳳輦に従って、御椅子や燭台などの日常生活品も二条城に運ばれました。

『イラスト京都御所』から転載

内裏から二条城までの道すじ

　内裏の南門をでた鳳輦は中立売御門をへて、二条城の東大手門から城にはいりました。

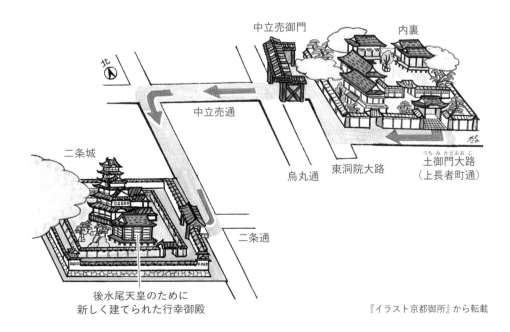

中立売御門
内裏
北
中立売通
中立売通
二条城
烏丸通
東洞院大路
土御門大路
（上長者町通）
二条通
後水尾天皇のために
新しく建てられた行幸御殿

『イラスト京都御所』から転載

二条城に到着した後水尾天皇の鳳輦

　後水尾天皇の鳳輦は、内裏をでて中立売通を左に折れて、堀川通を南に下って、二条城につきました。

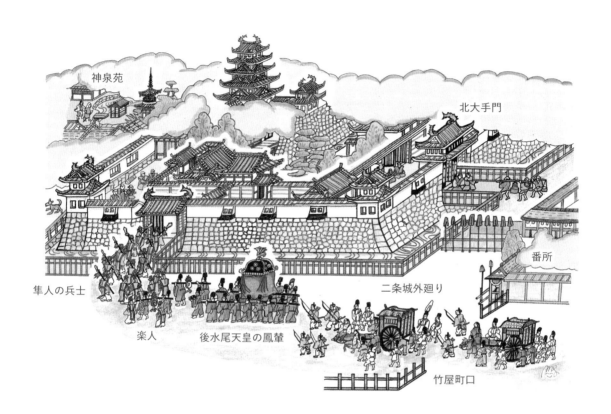

　この頃、堀川通や竹屋町通は「二条城外廻り」とよばれて、二条城の城域でした。後水尾天皇の一行は、竹屋町口から二条城外廻りに入られました。
　鳥兜をかぶり、鉾を手に、二列で鳳輦を先導する隼人の兵士は、今まさに、東大手門から入城しようとしています。
　雅楽を奏でる楽人の後を駕輿丁にかつがれた鳳輦がしずしずと進んでいきます。いつもは白装束の駕輿丁も、今日ばかりは、退紅色（やや薄い紅色）の晴着で着飾っています。先頭の駕輿丁は、天皇の沓を捧げもっています。
　鳳輦の後には、朝廷の大臣の牛車が続いています。
　外堀の北側は通行止となって、北大手門からは、宴のための食材が運びこまれているようです。

参考：洛中洛外図屛風・歴博F本（国立歴史民俗博物館所蔵）

※ 隼人は、大隅・薩摩（鹿児島県）に住む勇敢で敏捷な部族であったため、6年交代で御所の護衛を担当し、行幸の時には先駆を勤めました。

後水尾天皇がのられた鳳輦

　徳川家の二条城の歴史の中で「最大の行事であった寛永行幸」は、数多くの絵巻や洛中洛外図にかかれています。

参考：『寛永民恩沢』1626年

寛永行幸時の東大手門

　東大手門は、北大手門と同じく二階建ての櫓門でしたが、後水尾天皇をお迎えするにあたり、「天皇の頭の上に、人が立っては失礼になる」として、平屋建ての薬医門に作りかえられました。

　その後、門は1662年の近江・若狭地震で損傷したため、修復の際、薬医門の上に櫓を増設して、元の櫓門の形に戻りました。

参考：以心崇伝・烏丸光広『寛永御行幸記』1626年

（2）行幸二日目

　二日目の朝、行幸のお礼に、将軍・家光から天皇ご一家に白銀や御服（衣服）などたくさんの
ご進物がありました。ご進物は、行幸御殿のお座敷にかざられました。

　午後は、行幸御殿の南庭の舞台で舞楽が演じられ、天皇ご一家、秀忠、家光、親王、公家、
大名たちが観覧しました。舞楽の終了後には、宴がありました。

（3）行幸三日目

　三日目は、大御所・秀忠から天皇ご一家に、ご進物がありました。また、親王家や公家衆、
女房衆などにも、白銀や綿衣などが配られました。

　後水尾天皇のご希望にて、ご家族で天守にのぼられ、京都の街をながめられました。

　乗馬、蹴鞠の後、和歌御会がもよおされ、さらに、午前零時から宴がひらかれました。

比叡山　　　祇園社　　八坂の塔　清水寺

御所

中宮和子　　後水尾天皇　　女一宮
（徳川和子）　　　　　　　（後の明正天皇）

天守五階からのながめ

　行幸三日目、後水尾天皇一家は、天守の五階にのぼられ、地上40mの高さから京都の街をな
がめられました。

（4）行幸四日目

　四日目は、二の丸御殿・大広間の南庭の能舞台で、能（猿楽）が九演目、演じられました。

　天皇ご一家は大広間の二の間から、秀忠、家光は三の間から観覧しました。二の間、三の間には、今も残っている金具を使って、御簾が吊られました。

　観覧のあい間にも、ごちそうがふるまわれました。

大広間・南庭の能舞台

　能は徳川幕府の公的な式楽で、いつも、おもてなしの場で舞われました。

能「猩々」

　能は朝10時ごろから始まり、最後の演目「猩々」で、幕を閉じたのは夜の8時ごろでした。

　猩々は中国の話です。高風という青年が「市場で酒を売ると富をえる」という夢をみたので、その通りにすると、毎日のようにお客さんが来ました。その中に、いつも笑顔で悪酔いをしない素敵なお客さんがいたので、名前をたずねると、揚子江に住む猩々という妖精だといいます。

　高風が揚子江のほとりに行ってみると、猩々があらわれて、酌めども尽きない酒壺を高風にくれた、というおめでたい話です。

（5）行幸五日目

　行幸最後の五日目のお昼頃、天皇は再び天守にのぼられ、もう一度、都のながめを楽しまれました。

　秀忠、家光から天皇に馬が献上されたあと、お別れの宴がひらかれ、宴の後、天皇は内裏にもどられました。行幸で用いた金、銀の調度品は、すべて天皇ご一家に贈られました。

4 二条城でのおもてなし料理

　秀忠と家光は、後水尾天皇をおもてなしする料理として、「徳川家の本膳料理」と平安時代以来の「天皇家の大饗料理」をあわせた特別の本膳料理を用意しました。

　後水尾天皇ご一家、天皇の親戚、徳川家一族、さらに公家300人、大名150人など600人程度の料理を用意する必要があったので、二条城に禁裏包丁人、公家包丁人、京包丁人が集められました。宮中の料理を担当していた生間家からも、生間庄右衛門が弟子20人をひきつれて調理に加わりました。

　行幸に参加した人々は、二条城でそれぞれの身分に応じて、内容の異なった本膳料理を味わいました。

行幸御殿でのおもてなし
おもてなしの舞台は、内裏の御常御殿を参考にしてたてられた行幸御殿でした。
初日の宴会は夜遅くにはじまったので、切燈台や行灯に火がともされています。秀忠と家光もご相伴にあずかりましたが、二人は後水尾天皇のおもてなしに大わらわでした。

生間流を継承する「萬亀楼（京都市上京区）」には、行幸の際の料理をかいた「二条城行幸御献立絵図」という絵巻物（15m）が伝えられています。

　絵巻（絵図）には、後水尾天皇にもてなされた料理の数々が色鮮やかにかかれています。

まずはじめは、式三献の儀

　本膳料理は、①式三献の儀（酒礼）と②食事を中心とした膳部（饗宴）、③酒を中心とした献部（酒宴）の3部構成です。出席者はお腹をすかせて宴にのぞむので、酔わないように、ある程度料理を食べてからお酒をのむ構成になっています。

提子

銚子

三献　初献　二献

　料理は、儀式的な「式三献」（酒礼）からはじまりました。まず長い柄のついた銚子で盃に酒をそそいで、契りの盃をかわします。初献の三方の上には、大・中・小の3つの盃が重ねておかれ、料理は左から、梅干盛、米盛、海月（クラゲ）です。味付けに、小皿の摺梅や塩をつけます。

　二献の中央はお頭付の鯛、左に数の子（ニシンの卵巣の塩づけ）、右に唐墨（ボラの卵巣の塩づけを干したもの）が、熨斗に包まれて器の上に高く盛りあげられています。

　三献の魚は、「大きくなれば、やがて龍になる」といわれる縁起のよい鯉です。高くつみあげた鯉の刺身のてっぺんには、鯉のヒレが刺してあります。

　式三献の料理は見るだけで、実際には箸をつけません。檜で作られた白木の三方は一回限りの使用です。

　片口の提子は、銚子に酒をつぎたす道具で、銚子とあわせて一組とされます。行幸で使われた葵紋のついた長柄の銚子と提子は、今、萬亀楼に伝えられています。

貴重な絵巻を心良くお見せいただきました萬亀楼の生間流三十代家元・小西将清様に、感謝もうしあげます。

饗膳の七膳

絵巻には、「式三献」（酒礼）につづいて、「饗膳の七膳」「御菓子」（饗宴）がかかれています。

お箸は、はじめの本膳の上にだけ置かれています。

山海の珍味が、熨斗に包まれて、高く盛りあげた「杉高盛」で運ばれました。杉高盛は神様へのお供えを意味し、後水尾天皇への敬意をあらわしていました。

本膳の呼びかたは、最初に出す膳を「一膳」と書かずに「本膳」と書くことから始まったとされています。

本　膳 食（白飯の湯漬け）を中心として、かまぼこ、香物（大根のみそ漬）、焼物、和え物（魚の干物と野菜を和えた酢の物）、塩引き（塩鮭の蔭干し）、ふくめ（鯛でんぶ）などの７皿が並び、摺梅や塩で味つけしました。

二の膳 スルメ、サメ（フカ）、アワビ、タコ、鮓、鯛汁など。

三の膳 唐墨、さしみ、そぼろ、鯉汁など。

与の膳 ナマコ、イカ、白鳥汁など。数字の「四」は、「死」を連想させるので、「与」の字を使いました。

五の膳 （嶋の台に表盃こぼし）　やきふ、海老、きのこ、イイダコ、魚汁、小鳥汁などが洲浜型の台の上に並べられ、花がかざられています。

六の膳 （扇の台によせ盛）　バイ貝、蛤、螺、海老汁、鴨汁など。

七の膳 螺、海老の船盛、鴫羽盛です。鴫羽盛は、焼いたシギ（70頁）のつばさをひろげ、頭をもちあげて、飛んでいる姿にととのえて、鉢に盛っています。

七の膳のあとには、きれいに盛られた５種類のお菓子がでました。

「饗膳の七膳」の最後に、ようかん、饅頭、ミカン、クルミ、カヤの実など5種類のお菓子が、六角形のきれいな箱の中に華やかに盛られて運ばれてきました。和子（まさこ）も子どもたちも大喜びでした。

（コラム）『日本料理の種類』

　日本料理には、平安時代の貴族の「大饗料理（だいきょうりょうり）」、鎌倉時代の禅宗の「精進料理（しょうじん）」、室町時代に確立した武士の「本膳料理（ほんぜん）」、安土桃山時代の千利休の茶の湯とともに生まれた「懐石料理（かいせき）」があります。

　精進料理は、修行に励む（精進する）禅宗のお坊さんの料理で、野菜や豆、穀物など植物性の材料を工夫して調理した料理で、肉や卵など動物性のものは用いません。

　懐石料理は、禅宗のお坊さんが、温めた石を懐（ふところ）に入れて空腹をしのいだことに由来するささやかな料理で、お膳の上に食べられないものは並べません。

　本膳料理は、武士のおもてなし料理で、足つきのお膳を用いて、七五三という奇数の膳組を基本とします。できるだけ豪華に見えるように、全ての料理を一度に並べたので、冷たくなったり、固くなったりするものもありました。

　なお会席料理は、本膳料理を酒宴用に簡略化した料理です。

江戸時代初期の頃の遊里の調理場の様子
参考：川口遊里図屏風（大阪歴史博物館所蔵）

酒宴のはじめは、出陣の際の「三献の儀」の料理

　絵巻には、「饗膳の七膳」「御菓子」（饗宴）につづいて「初献から十九献までの本膳と添肴、盃」（酒宴）の料理が詳しくかかれています。

　十九献には、膳が運ばれるごとに、お箸と盃（さかずき）がついてきます。

　十九献のはじめの「初献引渡の膳」は、武士の料理にふさわしく「三献の儀」でした。

まず、はじめは武士が出陣の際に食する三献の儀の料理でございます

初献引渡の膳・三献の儀

　三方には、熨斗（のし）（打鮑（うちあわび））、勝栗（かちぐり）、昆布（こんぶ）と三重ねの盃（みつがさ）がのっていました。

　熨斗は、細長く切った鮑の肉を打ちのばして干したもの、勝栗は、乾燥した栗の実の渋皮を取りのぞいたものです。

家康の出陣・三献の儀

　武士は出陣の際、「敵を打ち、勝ち、喜ぶべし」として、打鮑、勝栗、昆布をたべ、酒をのんだあと、敵を木っ端（こ）みじんに討ちとるとばかりに、盃を威勢（せい）よく叩（たた）きわりました。

　三献の儀のあと、大将が兜（かぶと）をかぶって、「えいえい」、兵士が「おう」と鬨（とき）の声をあげ、全軍の士気を高めて出陣しました。

十九献の料理の数々

　絵巻の献部には、「初献の三献の儀から十九献の鮒まで」、34の三方の上に65種類の料理と二つの菓子盛や菓子折、そして、盃だけがのった17の三方がかかれています。

　十九献の料理の合間には、能が演じられました。

鮎白干　スルメ

小魚の焼物

イイダコ

ウナギの
カバ焼

五種物

焼鳥

小梅

バイ貝

井桁盛

ウミタケ

サザエ

籠盛

熨斗もみ

副肴

フナ

十九献
鮒

サワガニ

海老

絵巻を参考にして料理している江戸時代の料理人

　絵中の五種物は、カツオ、イリコ、スルメ、アワビなどで、ウミタケは二枚貝、熨斗(のし)もみはアワビの薄切です。ウナギのカバ焼などの串料理の串や、サザエやバイ貝の身に刺した楊枝(ようじ)には、手が汚れないように、亀足(きそく)とよぶ紙飾りが巻かれていました。食器も金銀でかざられていました。

　たくさんの料理は一度に食べ切れる量ではなく、宴(うたげ)に招かれた人々は、折詰(おりづめ)にして料理を持ちかえりました。

絵巻に書かれたくずし字の解読には、京都府立京都学・歴彩館 資料課の岡本隆明様にご協力をいただきました。

八献目のお酒のあて「鴫壺」

　多くの献には、お酒がすすむように、魚や鳥、貝などの添肴・副肴のお膳がついてきました。

　十九献の中の八献目の「三峯膳」の副肴「鴫壺」は、ナスの果肉をくりぬき、シギの肉をつめた料理です。絵巻の絵では、はく製のシギの頭がのった鴫壺が、三方の上に5つおかれています。

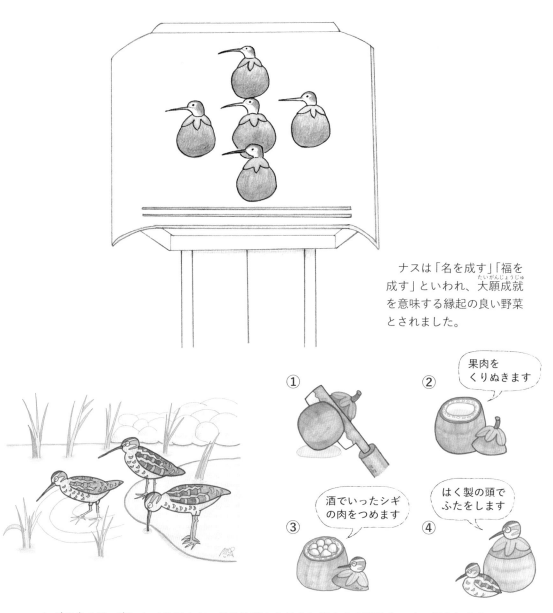

ナスは「名を成す」「福を成す」といわれ、大願成就を意味する縁起の良い野菜とされました。

①

② 果肉をくりぬきます

③ 酒でいったシギの肉をつめます

④ はく製の頭でふたをします

　シギの多くは、寒いシベリアのツンドラ地帯から日本に飛来する渡り鳥です。最も知られているタシギは、長いくちばしが特徴で、くちばしの先で田んぼのミミズや虫を探しだして食べます。
　4本足の獣にくらべて、2本足の鳥は食べても罪が軽いと考えられていて、特にシギの肉は、味がよいので昔からよく食べられていました。

コラム 『行幸御殿の金箔瓦』

　信長は、瓦に漆をぬって金箔をはりつけた金箔瓦を、安土城の中心的な建物に使いました。秀吉は、たくさんの金箔瓦で、聚楽第や大坂城を黄金にかざりました。

　二条城でも、後水尾天皇のための行幸御殿の檜皮葺屋根の棟などが金箔瓦でかざられました。

菊丸瓦　輪違瓦

軒平瓦　軒丸瓦

菊丸瓦　　　　　　輪違瓦　　　　　　軒丸瓦

　行幸御殿の屋根の頂上にある棟には、菊丸瓦と輪違瓦が金色に輝いていました。瓦屋根の軒先には、軒丸瓦と軒平瓦が交互に輝いていました。　　　　参考：京都市考古資料館所蔵の金箔瓦

71

5 行幸後の御殿などの移築先

（1）行幸御殿

　行幸が無事におわると、行幸関係の施設は段階的に撤去されました。

　行幸御殿は、将来、後水尾天皇が退位された後にお住まいになる仙洞御所の建物として移築されました。

（2）行幸御殿の唐門

　伏見城から二条城に移築されていた行幸御殿の唐門は、行幸の翌年に、徳川幕府の政策に貢献していた金地院崇伝の南禅寺金地院に払い下げられました。その後、唐門は明治天皇の御沙汰（指示）で再建された豊国神社の唐門として移築され、現在もたっています。

　この唐門は、西本願寺や大徳寺の唐門と並んで、桃山の三唐門とよばれています。

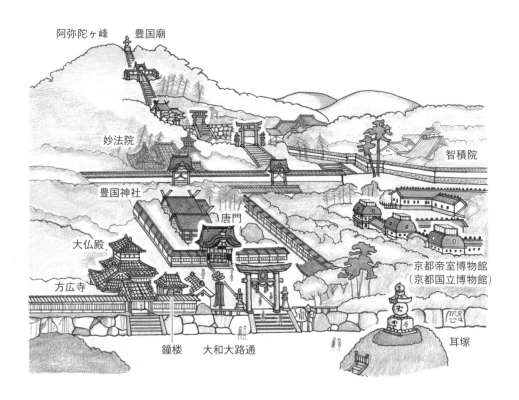

二条城・行幸御殿の唐門が移築された豊国神社の唐門

　秀吉の死後、阿弥陀ヶ峰のふもとに、豊国廟がたてられましたが、家康によって破壊され、江戸時代は放置されていました。300年後、明治天皇の御沙汰で、秀吉を祭神として豊国神社と豊国廟が再建されました。

　大坂の陣の原因になったとされる鐘のある方広寺が、豊国神社の隣りにたっていますが、方広寺の大仏殿は1973（昭和48）年に失火で焼失しています。　参考：豊公三百年祭図会（1898（明治31）年）

寛永行幸（1626年）後の御殿などの移築先

移築年	建物	移築先
1627年	行幸御殿の唐門（伏見城から二条城に移築されていた唐門）	南禅寺の金地院崇伝へ、さらに、明治時代に豊国神社に移築
1628年	行幸御殿	仙洞御所へ 行幸御殿は1661年、御所一帯の火事で内裏とともに焼失
1628年	御次の間	仙洞御所へ 行幸御殿は1661年、御所一帯の火事で内裏とともに焼失
1628年	中宮御殿	仙洞御所へ 行幸御殿は1661年、御所一帯の火事で内裏とともに焼失
1628年	四脚門	仙洞御所へ 行幸御殿は1661年、御所一帯の火事で内裏とともに焼失
1634年	家光、三度目の上洛	
1640年	御亭（池のほとりにあった釣殿、168頁）	和子の女院御所へ
1640年	二の丸御座の間（白書院）の北にあった御殿、台所、御風呂屋（浴室）	女三宮（後水尾天皇の第三皇女、顕子内親王）の岩倉御所へ
1640年	二の丸遠侍の北の部屋、庭の長局・御料理場・坊主部屋・御土蔵	九條家へ
1652年	本丸の御休息の間、御数寄屋・御勝手黒書院から溜櫓への御廊下	徳川家の菩提寺である知恩院へ 御休息の間は、知恩院の小方丈に

参考：澤島英太郎『二條城』など

コラム 『方広寺の鐘』

　方広寺の鐘楼には、「国家安康」「君臣豊楽」の文字が刻まれた鐘が、今も吊られています。文字は、わかりやすいように、白線で囲まれています。

方広寺の鐘と大仏殿と五七の桐（豊臣家の家紋）

　秀吉が創建した方広寺・大仏殿の大仏様は木造で、慶長地震で壊れてしまいましたが、秀頼が再建した大仏殿の大仏様は金剛製でした。

6 御代替の御上洛

紫衣事件と後水尾天皇の譲位

　紫色は尊い色とされ、お坊さんが着る法衣の中でも、紫衣は最高位の法衣です。朝廷は徳の高い僧に紫衣を着る許しを与えるかわりに、僧からお金をえて収入にしていました。

　1615年、幕府は「禁中並公家諸法度」で、朝廷が勝手に僧に紫衣着用を許可することを禁止しました。しかし、後水尾天皇は幕府に相談することなく、十数人の僧に許可を与え続けていました。そのため幕府は、寛永行幸の翌年（1627年）に「1615年以降に許可された僧の紫衣着用」を取り消しました。

　この紫衣事件は、天皇の権威を真っ向から否定する大事件でした。

　さらに1629年には、家光の乳母にすぎない春日局が内裏に参内して、後水尾天皇の拝謁を希望するという出来事もありました。

　後水尾天皇は、幕府の力が朝廷の力を上回ったことに反発して、1629年に突然、7歳の興子内親王（女一宮）に譲位しました。そして和子との間に生まれた女一宮が、第109代の天皇（明正天皇）となりました。

第109代・明正天皇（1624～1696）

　明正天皇は、奈良時代の第48代・称徳天皇以来、860年ぶりの女性の天皇で、徳川家と血のつながりのあるただ一人の天皇です。

参考：馬堀法眼喜孝画伯 日本国歴代天皇御真影

御代替の御上洛（家光の三度目の上洛）

　家光は将軍になってから、三度、上洛しています。

　一度目は、伏見城で将軍宣下をうけた時（1623年）です。この時は、大御所の父・秀忠が二条城を宿舎としたので、家光は伏見城に滞在しました。

　二度目は、寛永行幸の時（1626年）です。行幸の二年前から準備をして、秀忠と一緒に二条城に後水尾天皇をお迎えしました。この時、秀忠は本丸御殿、家光は二の丸御殿に泊まりました。

　三度目の1634年の上洛は、1632年に亡くなった秀忠に代わって、「天下を掌握するのは自分である」ことを示そうとした「御代替の上洛」でした。

　初代・家康と2代・秀忠は、関ヶ原の戦いなど、数多くの戦を経験しています。しかし、生まれながらの将軍であった家光は、戦を経験していない最初の徳川将軍でした。

　そこで家光は、天下に征夷大将軍としての統率力をみせるためにも、30万7000人の軍勢を引きつれて、東海道を三週間かけて上洛しました。大坂冬の陣における徳川方の兵士20万人と比べても1.5倍のお供の数で、当時の京都の人口（41万人）が、急に2倍近く（1.7倍）に膨れあがりました。

家光は、膳所（滋賀県大津市）で一泊した後、二条城に入りましたが、膳所から城までの沿道（17km）は、家光一行を見物する人々で立錐の余地もありませんでした。家光は上洛後、二条城から内裏に参内し、姪の明正天皇に拝謁したのち、後水尾上皇、妹の東福門院（和子）の御所を訪れ、たくさんの贈物をしました。

　家光は、紫衣事件以来、あまり良い関係ではなかった幕府と朝廷との融和をはかっただけではなく、京都の町の人々にも銀を配り、その力を誇示し、政権の安定をはかりました。

　家光の最後の上洛後、14代将軍・家茂が、1863年に3000人のお供をつれて上洛するまでの239年間、将軍の上洛はありませんでした。

家光から京都の町衆への上洛のお祝い

　二の丸の白洲には、京中の各町から2人ずつ1000人がまねかれ、「御代替の上洛のお祝い」として、家光から全戸3万5419軒に、銀12万枚（5000貫、1万8750kg）があたえられました。家光は、櫓の上から町衆でにぎわう白洲の様子をながめていました。

　配られた銀は、各一軒につき米俵を9〜10俵買うことのできる値打ちがありました。京都では「家光の銀子（お金）の施し」は、その後も長く語りつがれました。

参考：『大猷院殿御実記』（徳川家光の公式記録。大猷院は、家光の贈り名）

　洛中洛外図屏風は、高い空の上から鳥の目で、京都の街中や郊外をみた鳥観図です。これまで約160点が確認されています。

　室町時代の4つの洛中洛外図を第一定型（初期洛中洛外図）とよび、江戸時代のものを第二定型とよびます。第二定型（江戸時代）の多くでは、左隻に二条城、右隻に内裏、祇園祭、東山の社寺などがかかれています。

　二条城の前の堀川通には、内裏への将軍の参内、祇園祭の神輿（28, 36頁）、南蛮人の行列（38頁）、後水尾天皇の二条城への行幸（60頁）などがかかれています。

堺博本にかかれた光景とは

　堺博本（堺市立博物館所蔵）の洛中洛外図屏風は、六曲一双（6つ折りの屏風が、左隻と右隻の1組）の屏風で、各々高さ約1.5m、横幅約3.6mあります。

　屏風には、二条城の前の油小路通二条あたりからみた1616年〜1622年頃の景観がかかれています。

　左隻は西をむいてみえる光景、右隻は東をむいてみえる光景です。

天龍寺　嵯峨釈迦堂　金閣寺　北野天満宮　上賀茂神社　鞍馬寺
賀茂競馬
法輪寺
京都所司代
屋敷
東寺
西本願寺　　　　二条城　　内裏に参内する将軍の牛車

堺博本の左隻

　左隻のメインテーマは、真中に大きくかかれた二条城です。将軍が二条城から二頭立ての牛車で内裏に参内しています。左隻の左端には、二条城から3.5km南の東寺、左隻の右上の端には、二条城から12km離れた鞍馬寺がかかれています。

八坂の塔　清水寺　　豊国社　　伏見城
知恩院
方広寺
祇園社
四条橋
鴨川
三十三間堂
三条橋　　　　五条橋
誓願寺
内裏
祇園祭の山鉾

堺博本の右隻

　右隻の中央を左（北）から右（南）へ鴨川が流れています。川には、三条、四条、五条の橋がかかっています。川のむこう（東）には、徳川家の菩提寺の知恩院、秀吉の豊国社、方広寺など東山の社寺、さらに南の方には、11km先にある伏見城がかかれています。川の手前（西）には、内裏や祇園祭の山鉾などがかかれています。

コラム 『内裏と二条城』

　江戸時代に、二条城が内裏の南西に出現して、京都は内裏と二条城を中心とする二極構造の町になりました。

　絵は二条通を境に、左（北）が上京、右（南）が下京です。

　二条城の天守は落雷（1750年）で、本丸の建物は天明の大火（1788年）で焼失しています。絵の内裏は、天明の大火の2年後に、平安時代の復古様式で新しくたてられた寛政度の内裏（現在の京都御所の一つ前）です。

　火の見櫓は、所司代千本屋敷（千本丸太町の東側）にたっていました。

内裏と二条城の遠景（絵の左が北）
参考：花洛一覧図（1808年、横山崋山画）

幕末～明治時代

1　229年ぶりの将軍の上洛

　ペリーの浦賀来航（1853年）〜戊辰戦争の終結（1869年）までの16年間を幕末とよびます。

　1854年、徳川幕府は朝廷の許可をえることなく、アメリカと条約を結んで開国したため、頑固な鎖国主義者である孝明天皇は激怒しました。

　幕府は朝廷との融和（公武合体）をはかろうと、孝明天皇の妹の和宮内親王の14代将軍・徳川家茂への降嫁を願いいれました。1862年、孝明天皇は「10年以内に攘夷を決行し、国内から外国人を追い出して、鎖国に引き戻すならば」という条件をつけて内親王の降嫁を許しました。

徳川家茂（1846〜1866）
参考：徳川家茂像（徳川記念財団所蔵）

　1863年、家茂は攘夷決行の具体的な期日について回答するために上洛しました。この上洛は、家光の最後の上洛（1634年）以来、229年ぶりの将軍の上洛で、二条城も久しぶりに城主を迎えました。この時の家茂のお供の数は3000人ばかりで、かつての家光のお供の数（30万7000人）の百分の一にまで減りました。

　家茂はその後、毎年上洛し、三回目の上洛（1865年）の後、大坂城で亡くなりました。

家茂の二条城出門

　家茂は、二条城から二頭立ての牛車にのって御所に参内し、義理の兄の孝明天皇にはじめて会いました。かつて家光が参内した時も、二頭立ての牛車でしたから、この牛車は参内用の牛車として229年間、城内に保管されていた牛車かもしれません。

参考：京都上洛将軍　二条城出門之図（東洲勝月画、東京大学資料編纂所所蔵）

東大手門

2 慶喜の将軍宣下

　1867年１月（慶応二年十二月）、孝明天皇からの信頼が厚かった慶喜（30歳）に将軍宣下がありました。二条城で、勅使から慶喜に位記や宣旨が授与され、慶喜は15代徳川将軍となりました。

　家康、秀忠、家光の３人は、伏見城で将軍宣下の式を行ないましたが、４代・家綱から14代・家茂までの11人は、江戸城に京都から勅使を迎えて、将軍宣下式を行っています。二条城で将軍宣下をうけたのは、最後の将軍・慶喜だけです。

　また、慶喜は将軍職にあった一年間は京都にいたため、江戸城で一度も政務をとらなかった将軍でもありました。

　慶喜が将軍宣下をうけて20日後に、孝明天皇が天然痘で亡くなられたため、睦仁親王（16歳）が第122代の明治天皇になられました。

慶喜（1837〜1913）
　慶喜の正室・一条美賀子は、明治天皇の皇后・一条美子の姉にあたるため、慶喜は明治天皇の義理の兄になります。
　慶喜の母（吉子女王）は皇族であったので、慶喜自身も皇室の血を引いていました。
参考：徳川慶喜像（久能山東照宮博物館所蔵）

　慶喜の将軍宣下の儀式は、二の丸御殿の大広間で行われました。
　まず、大広間の下段の間（二の間）にすわった勅使が、孝明天皇からの宣旨を上段の間の慶喜に見せました。すると、勅使に随行してきた告使が庭におりて、慶喜にむかって「御前、御昇進」と二度、大きく声をかけました。
　その後、箱にいれられた宣旨は、出席者に回覧された後、最後に慶喜が宣旨を確認しました。
参考：『連城漫筆五』小寺玉晃、別号は連城亭

※ 位記…位階を授ける時に本人に与える証明書のこと
　宣旨…勅旨を伝える文書のこと（家康の官旨　20頁）

二の丸御殿・遠侍の特別な部屋「勅使の間」

　勅使の間は、二の丸御殿・遠侍（とおざむらい）の部屋の中でも特別な部屋で、参観コース（126頁）で、一番最後に見学できる部屋です。

　部屋は上段と下段の二つで、間にある框（かまち）の高さの分だけ上段の間が高くなっています。勅使がすわる上段の間は、下段からみて、天皇がおられる御所の方向（東）になります。

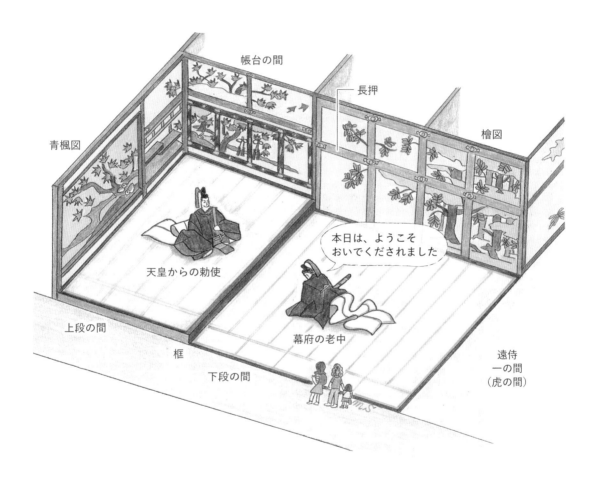

帳台の間
青楓図
長押
檜図
本日は、ようこそ
おいでくだされました
天皇からの勅使
幕府の老中
上段の間
框
下段の間
遠侍
一の間
（虎の間）

　上段の間には床、違棚（ちがいだな）、帳台構（ちょうだいがまえ）がそなわっていますが、将軍が上段の間にすわることはないので、大広間、黒書院、白書院にはある付書院（つけしょいん）はありません。6畳の広さの帳台の間は、三方が壁に囲まれており、前面の扉を開けた時にだけ、上段の間から帳台の間に入ることができます。

　永徳の甥の狩野甚之丞（かのうじんのじょう）が、上段の間に青楓（あおかえで）、下段の間に檜（ひのき）をかいています。青楓は、春に赤い芽がふき、夏にかけて少しずつ緑になっていく「春もみじ」です。楓も檜も金雲を突き抜けて、長押の上にまで幹や枝をのばしています。

　正面の床や框は「黒漆」ではなく、部屋の雰囲気に合わせた「透き漆（とこ）（透明な黄褐色）」で、公家風の落ちついた部屋になっています。

幕末の京都の様子

　幕末の京都では、天皇を尊び外国を追い払う尊王攘夷運動が高まり、幕府の権威が失墜し、治安が悪化していました。

　そのため幕府は1862年に、京都所司代の上に京都守護職をもうけ、その屋敷を二条城と御所の中間地点（現在、京都府庁がある場所）に設置しました。

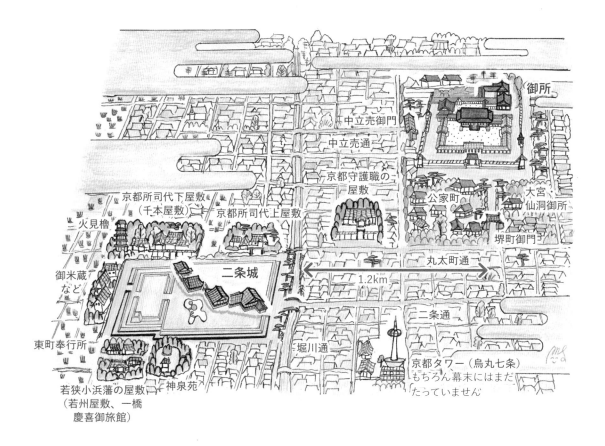

　二条城から御所までは、2.5km、徒歩30分の距離です。

　慶喜は将軍に就任した頃（1866年）は、神泉苑のそばの若狭小浜藩・酒井家（譜代大名）の藩邸（若州屋敷）を宿舎にしていました。

　二条城の城内に米蔵はありますが、城外にも米蔵があり、近畿にあった幕府直轄領からの年貢米をおさめていました。

慶喜の本丸仮御殿

　二条城の本丸は、落雷で天守が燃えおち、天明の大火でほとんどの建物が焼失したため、幕末のころ、本丸に建物はなく、狐のすみかになっていました。

　しかし1867年、ほぼ更地状態であった本丸に、慶喜のための仮御殿が完成し、慶喜は若州屋敷から本丸御殿に移って、翌年、二条城を退去するまでこの御殿に住みました。

比叡山

番衆長屋

北大手門

白書院

黒書院

大広間

本丸櫓門までの
渡廊下

二階廊下

本丸仮御殿

乗馬中の慶喜

慶喜の本丸仮御殿

　絵は天守台の上から東北の比叡山の方をみた二条城の光景です。

　慶喜の居室は一部二階建で、茶室風の様式をとり入れた数寄屋造の建物でした。

　庭は垣根で囲まれ、石灯篭や釣瓶のかかる井戸も見えます。居室から茶室には、飛び石伝いに行くことができます。

　仮御殿から二の丸御殿へは、渡り廊下を通っていきますが、橋廊下が残っていないため、内堀を越えるには、いったん地面におりて橋の上を歩くことになります。

　現在の清流園のあたりには、京都在番の宿舎が、密集してたっています。

　外堀の石垣の上には多聞塀がめぐらされ、内側には松や落葉樹が点々と植えられています。

　仮御殿は老朽化のため、1881年に撤去されました。

参考：『二条城―黒書院障壁画と幕末の古写真―』

3　大政奉還

　徳川家は家康以来、代々、将軍として政治を行ってきましたが、だんだん力が弱くなって、多くの大名たちを抑えることができなくなりました。特に、長州藩と薩摩藩はひそかに薩長同盟を結んで、徳川幕府を倒そうと計画していました。

　慶応三年十月三日（1867年10月29日）、前土佐藩主の山内容堂は、慶喜に「武家政権を朝廷に返上し、天下万民とともに王政復古を成しとげるためにも、この一大機会を逃さないでいただきたい」という内容の建白書を提出し、慶喜に大政奉還を提案しました。

　慶喜も、わが国はもともと天皇が中心となって政治をする国体であることを考え、大政を朝廷に還し奉ることを決意し、十月十二日（11月7日）、黒書院において、幕府の重臣たちにその意思を自らの言葉で伝えました。ただ、慶喜は大政を奉還しても、引き続き、徳川家を中心とした国政にたずさわるつもりでした。

黒書院で幕府の重臣たちに決意を表明する慶喜

『イラスト京都御所』から転載

大政奉還の表明は三段階

　慶喜は大政奉還を決意し、十月十二日、黒書院で幕府の重臣たちにその意思を伝えました。

　翌日の昼、在京の42藩の代表者たちは、大広間に集められ、老中の板倉勝静から大政奉還の上表案を示され、「意見がある者は残るように」といわれました。その後、残った5藩6人の藩士たちが、慶喜に「一刻も早く、政権を朝廷へ返上なされますように」と願いを伝えました。

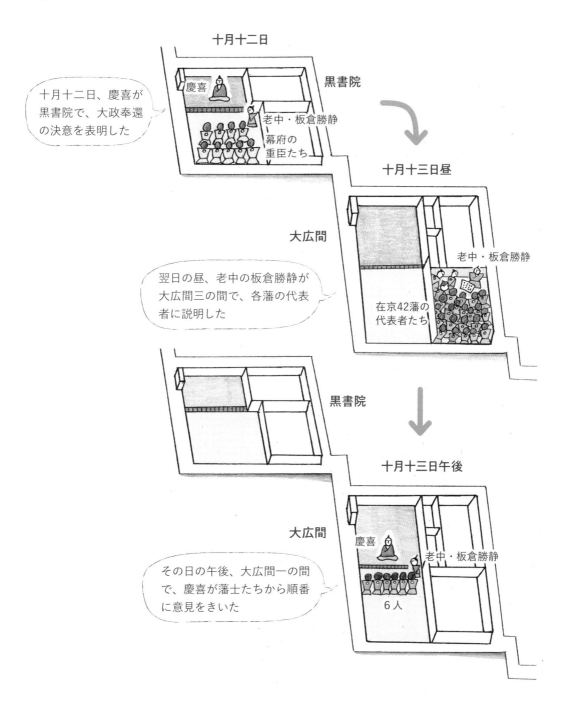

十月十二日

十月十二日、慶喜が
黒書院で、大政奉還
の決意を表明した

慶喜

黒書院

老中・板倉勝静

幕府の
重臣たち

十月十三日昼

大広間

翌日の昼、老中の板倉勝静が
大広間三の間で、各藩の代表
者に説明した

老中・板倉勝静

在京42藩の
代表者たち

黒書院

十月十三日午後

大広間

その日の午後、大広間一の間
で、慶喜が藩士たちから順番
に意見をきいた

慶喜

老中・板倉勝静

6人

十月十三日の昼、在京の42藩の代表者たちが大広間の三の間に集められ、老中・板倉勝静から朝廷に提出する大政奉還の上表案を示されました。そして「意見がある者は残るように」といわれ、5藩6人の藩士たちが残っていました。

　その日の午後遅く、西日が差し込む大広間に、慶喜は将軍用の帳台（ちょうだい）の間からではなく、廊下からあらわれました。慶喜は、待っていた6人のうち4人をまず「三尺畳一枚隔たったところ」まで呼びよせて、その意見をききました。

　薩摩（さつま）藩の小松帯刀（こまつたてわき）は、「わが国のために、このたびのご英断、誠に感銘の至りと存じます。この上は、一刻も早く政権を朝廷へ返上なされますように、お願いもうしあげます」とのべました。

　慶喜は、他の出席者にも意見をもとめましたが、皆、同じ考えでした。

　翌日（十四日）、慶喜は朝廷に大政奉還を上表し、翌々日（十五日）、明治天皇から許可がおりて、大政の返還が完了しました。

　大政奉還により、家康から15代265年間つづいた徳川幕府がほろぶとともに、鎌倉幕府から700年近くつづいた武家政治が幕をとじました。

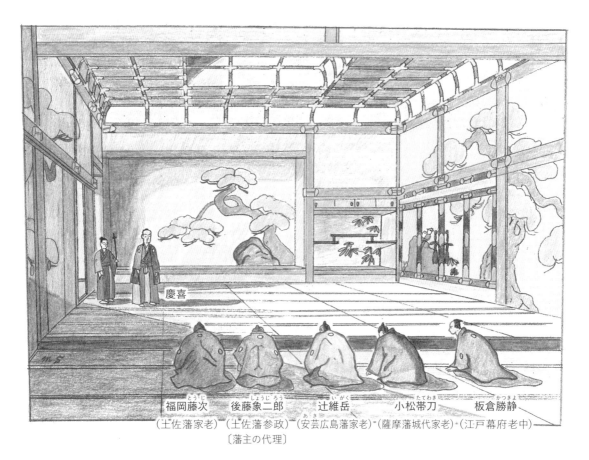

福岡藤次（とうじ）　　後藤象二郎（しょうじろう）　　辻維岳（いがく）　　小松帯刀（たてわき）　　板倉勝静（かつきよ）
（土佐藩家老）　　（土佐藩参政）　　（安芸（あき）広島藩家老）・（薩摩藩城代家老）・（江戸幕府老中）
〔藩主の代理〕

藩士たちから意見をきくために、大広間にあらわれた慶喜

※ 牧野権六郎（岡山藩士）と都筑荘蔵（宇和島藩士）の2人は、4人とは別に慶喜と会っているため、
　　この絵にはかかれていません。
参考：『明治天皇御絵巻』

4 公方退京
（くぼうたいきょう）

　十二月九日（1868年1月3日）、明治天皇は御所の御学問所で「王政復古の大号令」を発せられ、「武士中心の政治」から「天皇中心の政治」に戻ることを宣言されました。
　その日の夜に、小御所で小御所会議がひらかれました。

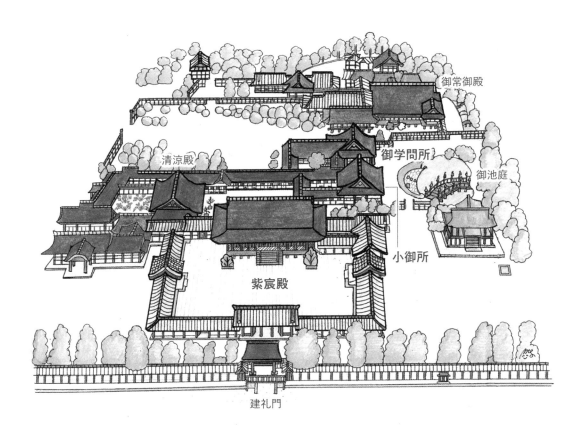

現在の京都御所

　1854年の毛虫焼け（上京大火）で寛政度内裏（78頁）が燃えたため、翌年に再建された安政度内裏が現在の京都御所です。
　二条城は、水をはった外堀と高い石垣で囲まれていますが、京都御所は築地塀で囲まれているだけです。

『イラスト京都御所』から転載

※ 京都御所は、月曜日、年末年始、行事などで支障のある日をのぞいて、一年を通して無料で公開されています。申込手続は不要で、簡単な手荷物検査をうけた後、自由に入場できます。

小御所会議で、慶喜の辞官納地が決まる

　明治天皇も出御された会議では、慶喜の処遇をめぐって、慶喜を擁護する山内容堂（前土佐藩主）と倒幕派の岩倉具視（公家）が、激論をたたかわせました。最終的に、岩倉らの主張が通り、新政府に慶喜は加えられず、辞官納地が命じられました。

　小御所会議は、新しい日本の命運を決した重要な御前会議でした。

『イラスト京都御所』から転載

慶喜公を新しい政府
に加えるべきである

それはできない。
慶喜公は、内大臣の官位をしり
ぞき、徳川家の領地を天皇に
お返しするべきである

山内容堂　　　　　　　　　　　　　　　　　　　　岩倉具視

小御所会議での辞官納地の決定は、翌日、慶喜（将軍、公方）に伝えられました。

　慶喜は、徳川家の領地をただちに返納すれば、二条城内の幕府の兵士や、徳川方の会津藩・桑名藩などの藩兵が暴走し、御所にいる薩摩藩や長州藩との間で戦いがおきるかもしれないと考えました。

　慶喜は「４年前の蛤御門の変（禁門の変）のような戦火をおこせば、自分は朝敵とみなされる」と考えて、城の西門から兵士を引き連れて大坂城にくだりました。しかし小御所会議から一ヶ月後、旧幕府軍と新政府軍の戦い（鳥羽・伏見の戦い）がおきて、慶喜は朝敵とみなされることになりました。

公方退京（西門から城を去っていく慶喜）

　西門は、城と徳川家との決別を見た門です。徳川幕府は二条城ではじまり、二条城でおわりました。

※ 蛤御門の変（禁門の変）とは、1864年に京都御所の付近でおきた長州藩兵と徳川幕府との戦いのことです。特に蛤御門周辺では激しい戦いがあったので、蛤御門の変とよばれています。

5 明治天皇の二条城行幸

　江戸時代がおわり、明治元年（1868）、二条城には、徳川幕府に代わって、新政府の中枢機関である太政官代がおかれました。

　そして2月、明治天皇は、生まれてはじめて御所から外にでて、二条城に行幸されました。二条城への天皇の行幸は、1626年の後水尾天皇以来、242年ぶりでした。この二条城には、50日前まで、慶喜が城主として住んでいました。

　天皇は、二の丸御殿の白書院で、新政府総裁の有栖川宮熾仁親王に、慶喜をはじめとする旧幕府軍の追討命令を出されました。

明治天皇（1852～1912）

二条城へ行幸される明治天皇

　明治天皇は、葱華輦に乗られて二条城に行幸されました。親王や新政府の高官たちも騎馬で従いました。葱華輦とは、屋根の上に金色の葱華（ネギの花）をかたどった宝珠をすえている御輿のことで、臨時の行幸の際などに用いられます。

参考：聖徳記念絵画館壁画「二条城太政官代行幸」（小堀鞆音画）

大正大典

1 大正天皇の皇太子時代と二条離宮

大正天皇（1879〜1926）

1884（明治17）年、二条城は「二条離宮」として皇室の所有になりました。

10年後の1894年、明治天皇のご意向により、京都御所の北側にあった旧桂宮邸の御殿の一部が、二条城の本丸御殿として移築されました（230頁）。

大正天皇は、皇太子の頃（1900〜1912）、沖縄を除く全ての道府県を行啓されました。九州や山陰など西日本をまわられた際には、二条離宮の本丸御殿を定宿にして、10回ほど泊まっておられます。

2 大正大典（大正大礼）とは

1912（明治45）年7月30日、明治天皇が崩御（ほうぎょ）され、嘉仁皇太子（よしひと）が践祚（せんそ）（皇位を継承すること）されて、第123代・大正天皇となられました。元号も、明治から大正に改元されました。

「大正天皇の即位の礼、および、大嘗祭（だいじょうさい）と一連の儀式」を「大正大典」または「大正大礼」といいます。

大正大典は、天皇の即位（登極）などに関して、明治時代に定められた「登極令」（とうきょくれい）に従って、京都で行われました。明治天皇までの即位式は、宮中でのごく限られた人達だけの儀式でしたが、大正大典は国民も祝賀に参加し、外国の代表もまねいた国際的な儀式となりました。

京都では、大典に先立って、岡崎公園で大典記念京都博覧会が開催され、花電車（華やかにかざった路面電車）も走りました。東京でも奉祝門がたてられるなど、6000万国民が大典奉祝に沸きたち、国家あげての祝典（しゅくてん）となりました。

夜の大典奉祝花電車

大正天皇の践祚から大典まで

1912（明治45）年	
7月30日	明治天皇が崩御され、嘉仁皇太子が践祚され、大正天皇となられる
1914（大正3）年	
4月9日	明治天皇の皇后、昭憲皇太后が崩御されたため、大正天皇の即位式が翌年に延期される
1915（大正4）年	
11月6日	東京の皇居を儀装馬車で出発し、三種の神器とともに7号御料車（絵）で名古屋へ。名古屋離宮（名古屋城本丸）に宿泊。なお、貞明皇后は第4皇男子（澄宮、のちの三笠宮殿下）をご懐妊中のため、東京に残られました。 
7日	名古屋から京都へ。京都駅から儀装馬車にのられて京都御所（京都皇宮）に到着。京都御所の御常御殿（87頁）に宿泊。
10日	即位礼。 午前中、春興殿で「賢所大前の儀」。 午後、紫宸殿で「紫宸殿の儀」。 登極令では、未成年皇族は即位礼に参加しないことになっていましたが、裕仁皇太子（14歳、のちの昭和天皇）は、大正天皇の指示で参列されました。 2000人の参列者の多くの服装は、男子は衣冠束帯、女子は十二単でした。
14日夕方～15日早朝	大宮御所の空き地にたてられた大嘗宮（悠紀殿、主基殿）で「大嘗宮の儀」。 悠紀殿の儀（天皇が祖先に新穀をささげる儀式）、主基殿の儀（天皇が祖先と共に新穀を食する儀式）
16日	二条離宮で「大饗の儀」（第一日目）
17日	二条離宮で「大饗の儀」（第二日目）
18日～26日	大典実施の報告のため、伊勢神宮、神武天皇陵（奈良県橿原市）、明治天皇陵（京都市伏見区）、孝明天皇陵、仁孝天皇陵、光格天皇陵（京都市東山区泉涌寺）に参拝。
27日	京都を出発、名古屋離宮に宿泊
28日	東京の皇居に戻られる

参考：『即位大礼記念帖』など

儀装馬車の専用運搬車

　皇居から東京駅までの移動に利用された儀装馬車と馬は、専用の貨物車で京都に運ばれました。

　大正天皇は、京都の前に名古屋で一泊されたので、馬車と馬は先回りして京都について、京都駅で大正天皇をおのせすることができました。

京都御所での行事

　大典では、即位礼の当日に京都御所で行われる「賢所大前の儀」、「紫宸殿の儀」、その後日に行われる「大嘗宮の儀（大嘗祭）」、そして、二条離宮で行われる「大饗の儀」が大切な行事でした。

　即位の礼は、天皇が位につかれたことを公に告げられる儀式です。

　「紫宸殿の儀」は、天皇が主権者の地位についたことを国内外に知らせ、国威をさらに高める決意をあらわすとともに、国民の祝意をうけられる儀式です。

　「大嘗宮の儀（大嘗祭）」は、天皇が初めて、新しく収穫した米を皇祖（天皇家の先祖）および天神地祇（すべての神々）に捧げ、自らも召し上がられ、五穀豊穣を感謝し、国家の安寧を祈念される儀式です。

　大嘗祭では、大嘗祭を行なうための特別な祭場として大嘗宮（悠紀殿・主基殿など）が、京都御所の東南にある大宮御所内の空き地に造営されました。

　悠紀・主基とは、大嘗祭に供える稲を育てるために特別に選ばれた斎田の地のことです。大正天皇の時は、悠紀国として三河国（愛知県）、主基国として讃岐国（香川県）が選ばれ、両地域から新米が献上されました。

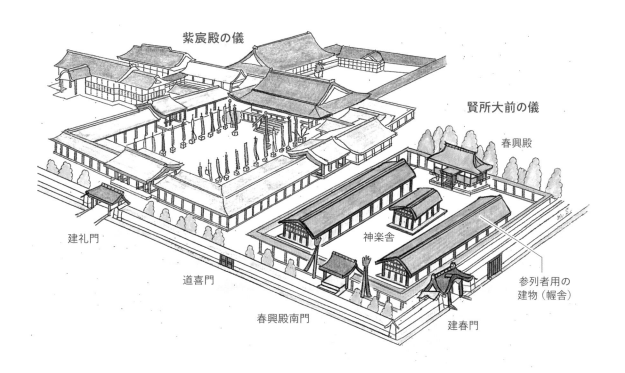

　即位礼当日の朝、春興殿で「賢所大前の儀」が行われ、午後、紫宸殿で「紫宸殿の儀」が行われました。

　御所で唯一、銅板製の屋根をもつ春興殿は、大正天皇の即位式にあわせて造営され、現在も残されています。しかし、神楽舎、幄舎、春興殿南門は大典後に取りこわされて、今はありません。

『イラスト京都御所』から転載

春興殿での賢所大前の儀

　三種の神器（鏡、剣、勾玉）は、天皇家に代々伝えられてきた帝の正当性の証となる三つの宝物です。

　賢所大前の儀は、神器の一つである「八咫鏡」の前で、天皇が皇位についたことを天皇家の先祖である天照大神に報告する儀式です。

　春興殿の内々陣には、神鏡「八咫鏡」が奉安されています。

　内陣の御畳の上で、先祖の御霊に御告文を奏上される大正天皇のおそばには、剣と勾玉がおかれています。

参考：『御大禮記念寫眞帖』

3 二条離宮に新しくたてられた大饗宴場と南門

　11月16日と17日は、皇室の別荘である二条離宮（二条城）に、皇室関係者、各国の要人や総理大臣、政府関係者などが招かれて、新たな天皇の即位を華やかにお祝いしました。

　この節会（朝廷の宴会）を大饗とよびます。

　大典に備えて、大饗宴場が二の丸御殿の北側に、南門（南大手門）が押小路通に面して新しくたてられました。

大饗宴場

　現在の清流園の辺りに、御所の御殿と同じように、宮殿風の木造平屋建ての大饗宴場が南面してたてられました。

　大饗宴場は、入母屋造柿葺の屋根、折上格天井で、大広間は3500畳もの広さがありました。

　二の丸御殿から大饗宴場へは、廊下伝いに行くことができました。

　大典の終了後、建物は京都市に払い下げられて、二条城から東へ3kmの岡崎桜の馬場（現在、ロームシアター京都（京都会館）がたっている場所）に移されて、岡崎公会堂となりました。しかし建物は、残念ながら1934（昭和9年）年の室戸台風で倒壊しました。

大饗宴場

二の丸御殿からの廊下

大正天皇の馬車

南門 (南大手門)

　明治時代までの300年間、二条城には南門がありませんでした。南門は大正大典に備えて、新たにたてられた門です。

　南門は現在の京都御苑外周の9つの御門（今出川御門、石薬師御門、清和院御門、寺町御門、堺町御門、下立売御門、新在家御門（蛤御門）、中立売御門、乾御門）と同じ高麗門様式（216頁）でたてられました。

東南隅櫓

　江戸時代の二条城の正門は、東向きの東大手門でした。

　しかし、京都御所に天皇だけがお通りになる南向きの建礼門があるように、二条城にも南門をもうけることによって、二条城は南向きの皇室スタイルの離宮となりました。ただ大典の際、大正天皇は南門ではなく、東大手門から入っておられます。

　現在、南門の前の木橋はありません。

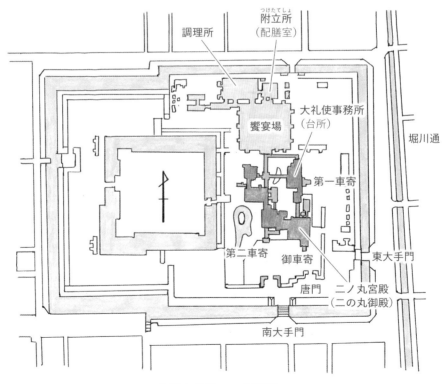

大正大典時の二条離宮

　饗宴のために新築された様々な建物は、大典が終わった後、移築または撤去され、現在残っているのは南門（南大手門）だけです。

大正天皇の入城

　11月16日と17日の両日、大正天皇の行幸の列（鹵簿）は、君が代が演奏される中を、天皇旗を先頭に東大手門から二条離宮に入りました。

　二の丸御殿の遠侍には、大正天皇専用に御車寄がもうけられました。

　勲一等以上の参列者と外国からの特派大使たちも、東大手門から入りました。

　二の丸御殿の大広間の南側と台所の東側には、来客者用の車寄がもうけられました。

　一般参列者は、新しくたてられた南門（南大手門）から入りました。

天皇旗

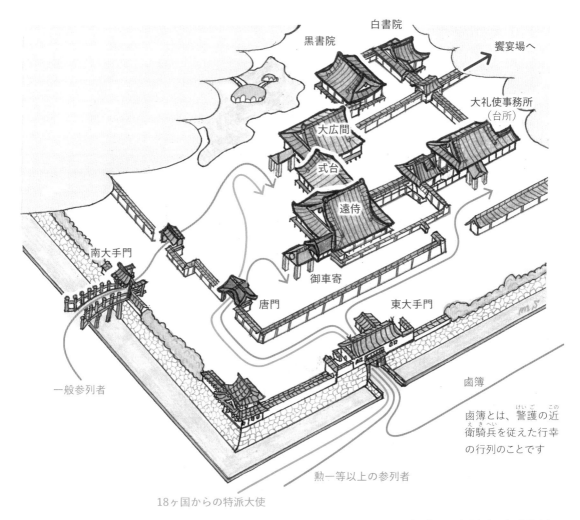

黒書院

白書院

饗宴場へ

大礼使事務所
（台所）

大広間

式台

遠侍

南大手門

唐門

御車寄

東大手門

一般参列者

鹵簿

鹵簿とは、警護の近衛騎兵を従えた行幸の行列のことです

勲一等以上の参列者

18ヶ国からの特派大使

参考：『大正大礼京都府記事　警備之部』

大正天皇の入城

　京都御所を出発した鹵簿は、堺町御門から丸太町通をへて、堀川通を南下して東大手門から入城しました。大正天皇の乗られた儀装馬車（ぎ そう ば しゃ）の屋根には、金色の鳳凰（ほうおう）がかがやいていました。

大正大典時の南門（南大手門）

　門の外の押小路通にたくさんの見学者がいる中を、饗宴に招かれた一般参列者は南門から入りました。

大正大典時の二条離宮

　饗宴が始まる前、二の丸御殿の白書院は、大正天皇の休憩室(きゅうけいしつ)になりました。

　皇族は黒書院、各国大使は大広間一の間、公爵以下の華族は大広間四の間（槍の間）、学士院会員などは式台、貴族院、衆議院の議員などは遠侍というように、合計1895人の参列者は、饗宴が始まるまでの間、お庭を拝見しながら、それぞれの控え室（朝集所）で待っていました。

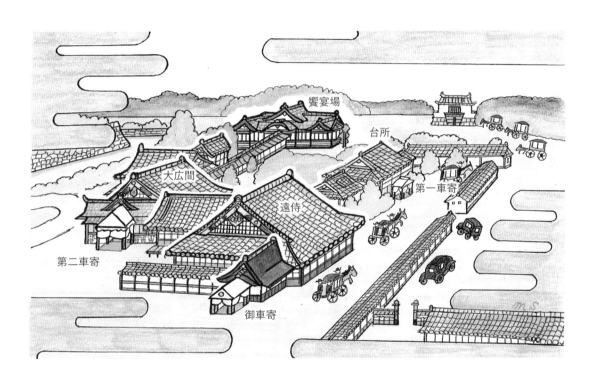

白書院二の間の襖(ふすま)の引手（菊の御紋）（151頁）

　大正大典の際、白書院は大正天皇の休憩室になったので、襖や戸の引手など飾金具はすべて徳川家の「葵の紋」から皇室の「菊の御紋」に取り替えられました。

99

二条離宮の御車寄と車寄

遠侍

二条離宮の御車寄

　大正天皇は、二の丸御殿の玄関（御車寄）から御殿に入られました。遠侍の屋根に輝く菊の御紋と同じ御紋が、御車寄にもかざられています。

大広間

二条離宮の第二車寄

　大広間に続く第二車寄は、外国からの大使や一般参列者用に新設されました。
　大広間の屋根の懸魚は三花蕪懸魚ですが、車寄の屋根では蕪懸魚です。車寄の窓には、当時は珍しかったガラスがはめられていました。

4 大饗宴の料理と祝賀の舞

「大饗の儀」とは、悠紀国（三河国）、主基国（讃岐国）で収穫された新米や作物を天皇から賜る節会（宴会）のことで、二条離宮で二日間、開かれました。

大饗の儀では、大正天皇から勅語を賜ったのち、大隈重信首相が即位を祝して、お祝いの言葉を申しあげました。続いて世界18ヶ国を代表して、ロシア大使が祝辞をのべました。

平安時代の法典「延喜式」によると、新嘗祭や大嘗祭の時に、神様に供するお酒を白酒・黒酒といいます。

白酒は白濁したお酒で、黒酒は久佐木というシソ科の植物を蒸し焼きにした灰を白酒に加えたお酒です。大正大典でも、悠紀・主基の斎田でとれた新米からつくった白酒と黒酒が祭礼に供され、大饗の儀で参列者にもふるまわれました。

（1）大饗の儀 一日目

一日目は、昼に悠紀・主基両地方の特産物を主に料理した和食が供されました。

献立は、鯛のさしみ、鴨と松茸、筍の煮物、鯛の塩焼き、三州味噌（三河国の豆味噌）と鱧、ウドの吸物などでした。

お酒は、大正博覧会で最高賞を受賞した地元伏見の「月桂冠」（大倉酒造）が供されました。

この日、舞台では、久米舞と悠紀・主基両地方の風俗舞、そして五節舞が舞われました。

料理の一部

鯛は背中を前側にして置かれているので、食事中、鯛と目があうことはありません。

参考：『即位大礼記念帖』

※ 新嘗祭…天皇が新しく収穫した米を神に捧げ、天皇も米を召し上がられる儀式のこと
大嘗祭…天皇が即位の後、初めて行なう新嘗祭のこと

大饗の儀 一日目の饗宴場

食材もお酒もすべて国産のものを使って、純日本式の大饗料理がふるまわれました。

参考：『即位大礼記念帖』

皇室に月桂冠を納入する日の大倉家本宅（現在、月桂冠大倉記念館）の前

　月桂冠は品質の高さが認められ、天皇陛下御即位の大典に際しての御用酒として採用されました。

参考：月桂冠 中興の祖 大倉恒吉物語

五節舞

　白鳳時代の第40代・天武天皇（在位
673～686）が奈良の吉野で琴をひいて
おられた時に、空から天女が舞いおり
てきて、五度、衣の袖をひるがえして
舞いました。

　この様子をご覧になった天武天皇
は、「乙女ども　乙女さびすも　唐玉を
袂にまきて　乙女さびすも（乙女たち、
乙女らしく唐から来た真珠や宝石を袂に巻い
て、ああ美しい乙女よ）」と歌われ、「世の
中は礼節と音楽がそろってこそ平穏に
なる」として五節舞をつくられました。

　五節舞は、新嘗祭や大嘗祭の時に、
唐風の衣装を着た4人または5人の舞
姫によって舞われていました。

饗宴場内の北側の一段高い所が天皇陛下の御
座となり、中央に舞楽台がもうけられ、華族の
未婚の令嬢5人が五節舞を舞いました。

釵子
（かんざし）

檜扇

唐衣

裳

五節舞姫　参考：『御即位礼画報・第壱巻』

裳唐衣（十二単）

　五節舞は、戦国時代の第103代・
後土御門天皇の大嘗祭の後、応仁
の乱で中断していましたが、大正
大典の際に、国風の衣装で復活さ
れました。

　雅楽の中で、ただ一つ、女性だ
けが舞うという珍しい舞で、髪形
は平安時代の貴族の女性の髪形で
ある「大垂髪」にして、十二単を
着て、檜扇をもって舞います。

　百人一首の中の僧正遍昭の「天
つかぜ　雲の通ひ路　吹きとぢよ　を
とめの姿　しばしとどめむ（天を吹
く風よ、雲の間の通り道を吹き閉じてお
くれ。美しく舞う乙女たちの姿を、今し
ばらく見ていたいから）」は、五節舞
の情景を歌ったものです。

（2）大饗の儀　二日目

　二日目の夕方、午後６時すぎから開かれた饗宴の料理は、大正天皇と昭和天皇の料理番をつとめた秋山徳蔵（当時26歳）が担当し、すっぽんのコンソメスープではじまるフランス料理がふるまわれました。

　饗宴の後、時間をおいて、午後９時から夜宴の儀が行われ、舞楽台で萬歳楽と太平楽が舞われた後、再び、料理がふるまわれました。
　大饗の儀をおえられた大正天皇は、翌日の午前零時40分に、二条離宮を出発されました。
　京都御所にもどられる鹵簿を拝見しようと、たくさんの人々が寒い中、堀川通から丸太町通の沿道をうめつくしました。

「二条城内豊楽殿大饗宴之盛儀」

ザリガニのポタージュ

当日の
メニュー

すっぽんのコンソメスープ
ザリガニのポタージュ
鱒の酒蒸し
とりの袋蒸し
ヒレ肉の焼肉
うずらの冷たい料理
オレンジと酒のシャーベット
七面鳥の炙り焼き・うずらのつけ合わせ・サラダ
セロリの煮込み
アイスクリーム
デザート

コラム 『ザリガニの逃亡事件』

　フランスで修行中であった秋山徳蔵は、日本によびもどされて饗宴の料理を担当し、スープの二品目にザリガニのポタージュを出しました。

　ザリガニは、北海道千歳市の支笏湖から取り寄せたニホンザリガニ3000匹うち、選りすぐりの2000匹を使いました。

　実は、饗宴直前のある日、二条離宮の臨時の厨房の生け簀で飼っていたザリガニ3000匹が、姿を消すという大事件がありました。

　厨房の隣の部屋で寝ていた厨房員の一人が、生け簀に注ぐ水道の水の音がうるさいので、音がしないように、水道の蛇口から生け簀の水面までフキンをたらしていました。すると夜の間に、ザリガニがフキンを伝って生け簀の外に逃げ出して、厨房の荷物の暗い影に隠れていたのでした。

　秋山徳蔵は、逃げたザリガニ3000匹をつかまえ戻して、無事にポタージュを作ることができました。

秋山徳蔵（1888～1974）

萬歳楽

萬歳楽は、君主の治世を寿ぐ舞楽です。

昔、唐の国において、あるすぐれた帝が世の中を太平に治めていたときに、鳳凰が飛来して「賢王万歳」とさえずったと伝えられ、鳥の声を音楽とし、飛ぶ姿を舞にしたものといわれています。

『イラスト京都御所』から転載

コラム 『大正大典のための7号御料車』

天皇・皇后両陛下、皇太子殿下がお出かけの際に乗られる車両を「御料車」とよびます。

7号御料車は1914（大正3）年につくられ、大正大典の際に、東京と京都の往復に利用されました。

7号御料車には、宮中賢所の御神体・神鏡「八咫鏡」をお運びするための賢所乗御車（賢所奉安車）や御食堂車（第9号御料車）、随行員用の客車など10両以上を連結して、蒸気機関車が先頭でけん引しました。

京都にむかう7号御料車

大正天皇がのられた7号御料車の車内には、三種の神器のうち剣璽（剣と勾玉）を奉安する棚がもうけられ、屋根には、明かりをとるための小屋根がついていました。

太平楽

　太平楽は、代表的な武舞です。舞人四人は、甲冑姿で太刀を帯び、鉾を持って舞台にあがり、勇壮に舞います。

　古代、中国の秦の始皇帝が亡くなった後、天下の覇権を争っていた漢の劉邦（高祖）と楚の項羽が鴻門で会見をおこないました。

　その鴻門の会の宴の席で、項羽の家臣が剣舞にかこつけて、劉邦を刺そうとしました。しかし、その場にいた項羽の叔父である項伯が殺意に気づき、同じく剣の舞を舞いながら、袖で劉邦をまもりました。太平楽は、その時の剣の舞に由来するといわれています。

　萬歳楽とともにめでたい曲として、大饗の二日目に舞われました。

参考：『大正大典史 全』

　大典が終わった後、京都御所の紫宸殿前庭、大嘗宮と二条離宮は、12月から4か月間、一般に公開され、京都御所には266万人、二条離宮には252万人の参観者がありました。

第 2 章

東大手門・唐門・二の丸御殿

東大手門

東大手門は二条城の表門で、大手筋である二条通から御所や江戸城につながる門です。

堅固な石垣でまもられた城において、敵の攻撃に一番弱いのは、石垣が途切れた門の部分です。従って、城をまもるためには、防御性の高い門をつくることが大変重要です。東大手門は、石垣の上に櫓をかけ渡し、その下を門にしているため防備に強く、格式の高い櫓門です。

屋根には鯱鉾があがり、三葉葵の紋をあしらった瓦もかざられています。

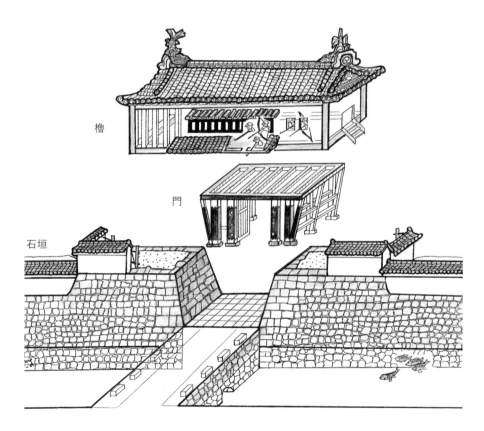

東大手門の構造

東大手門は、石垣を切り開いた部分に門をたて、その上に櫓をのせた二階建ての櫓門です。

三段の白壁をもつ東大手門は、遠くからでもはっきりとわかり、将軍家にふさわしい堂々とした門になっています。

典型的な城門は、敵にそなえて、櫓門（内門）と高麗門（外門）とで、二重に構えています（212頁）。しかし二条城は、京都における将軍の居館かつ儀礼の場であるため、家康は、御所のある東に開いたこの門を戦闘にそなえた二重構の枡形構造にはしませんでした。

東大手門の櫓

　櫓には、敵の正面や頭上から攻撃できるように、銅板でおおわれた武者窓(むしゃまど)（太い縦格子がはいった窓）や狭間(さま)（防御用の銃眼や窓）があけられ、床には石落がつくられています。

　屋根の上には、鯱鉾があげられています。

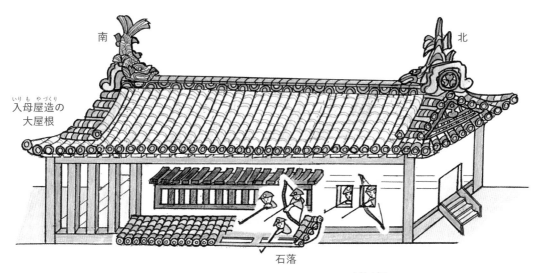

南　　　　　　　　　　　　　　　　　　　　　　　　　　　　　　　北

入母屋造(いりも やづくり)の
大屋根

石落

木製の櫓を火に強い土壁でおおい、さらに、その上から白漆喰(しろしっくい)をぬっています。
※ シャチ瓦などは大きくかいています

三葉葵紋
の瓦

東大手門の北側の鯱鉾

　鯱は狛犬(こまいぬ)や仁王像(におうぞう)のように「阿吽の対(あうん つい)」といわれ、口を開けている阿がオスの鯱で、閉じている吽がメスの鯱とされます。

　また、一般的に、屋根の棟が南北に向いている場合は、南がオス、北がメス、東西に向いている場合は東がオス、西がメスであるとされています。

　従って、上の絵の口を閉じている北の鯱は、メスであろうと思われます。

　鯱は、天守や櫓の屋根のてっぺんの両端をかざる棟飾りで、想像上の生き物「鯱」の姿をかたどったものです。空に向かってそり返る鯱の尾は、武器の矛（鉾）にも似ているので、鯱鉾ともよばれます。

　鎌倉時代（13世紀）の絵巻物「男衾三郎絵詞」には、浄見寺境内の楼門の屋根に、大きく口を開けて棟にくいつく鯱がかかれています。

　鯱鉾は建物が火事になると、口から水を吐きだして火を消してくれる「火除けの守り神」として大切にされ、室町時代には、お寺の屋根にかざられていました。

　安土桃山時代になって、織田信長が、はじめて安土城（1576年築城）の天守に鯱鉾をかざったとされています。

「男衾三郎絵詞」（東京国立博物館所蔵）にかかれた日本で最も古いといわれる浄見寺の楼門の鯱鉾

鯱

　鯱は、虎や龍の頭を持ち、胴体は魚、体には鋭いトゲがはえている想像上の生き物です。

　江戸時代の「和漢三才図会」には、クジラさえも殺すどう猛な生き物であるとされていますが、小魚しか食べてはいけないクジラが大きな魚を食べないように監視する役目も持つとも書かれています。

　なお、鯱の漢字は、魚へんに虎で、クジラやイルカの仲間のシャチと同じ漢字です。

東大手門の門

　門の正面に二本の本柱（鏡柱）を立て、その上に太い冠木（横木）が渡っています。門が倒れないように、後ろに控柱が立っています。

　門の左右に、扉が一枚ずつ吊られていますが、外から侵入してくる敵兵を扉で押しもどすことができるように、内開になっています。

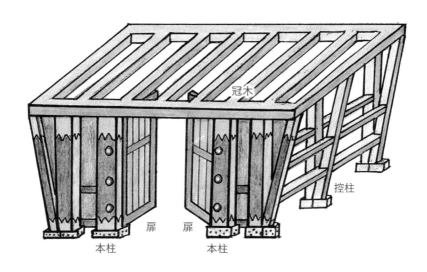

東大手門の石垣

　門の両脇の石垣は、表面を平らにけずられた大きな石が算木積（226頁）で積まれています。
堀は、石垣でおおわれた頑丈な土橋です。

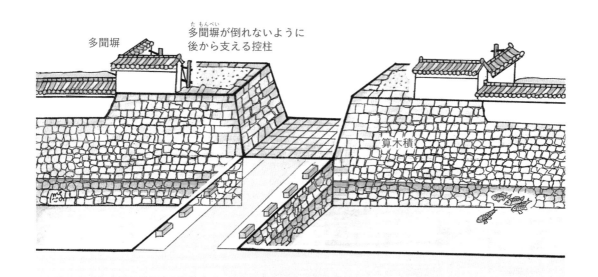

コラム 「城門の構造」

門の構成要素は、扉、本柱（鏡柱）、冠木（横木）、控柱の４つです。

扉

　四角い木枠（框）の中に、太い縦格子をはめ込んだものを骨組として、さらに、縦格子と直角に板を張って、扉の基本ができあがります。

　扉の表面には、大砲の玉にも負けないように、帯鉄（短冊状の薄い鉄板）を縦に打ちつけます。縦に打ちつけることにより、雨水は帯鉄にたまらず、下に流れ落ちていきます。

本柱（鏡柱）

　扉は、肘壺とよばれる蝶番のような金具を使って本柱に取りつけます。

　肘壺は、肘金と壺金の二つからなります。

門を開けた時

門を閉じた時

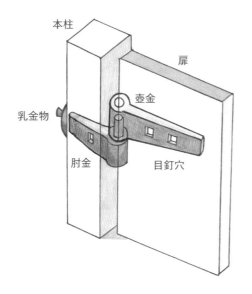

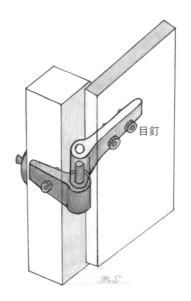

　まず、本柱の背面に肘金を差しこみ、目釘で固定します。特徴的な饅頭型の乳金物は、肘金の突き出た部分を隠すためのものです。

　一方、扉には壺金を差しこみ、目釘で固定します。壺金の穴を肘金の芯棒に上からはめ込んで、蝶番方式で扉を吊ります。

　東大手門の扉は大変大きいので、肘壺を３つ使って吊っています。

東大手門の本柱の構造

　東大手門の扉には、「最大の数字である９」本の帯鉄が打ちつけられています。漆を焼きつけた帯鉄は黒光して、縦じま模様の門を強く美しくかざっています。

　実は、ひと抱えもある本柱には、帯鉄を利用した工夫がほどこされています。

　本柱は、幅約１m、奥行き約55cm、高さは約４m80cmあります。

　柱は松や杉の角柱を芯として、その周りにケヤキの化粧板を張り、帯鉄で補強したあと、雨で腐食しないように沓巻が巻かれています。

　化粧板の継目は帯鉄で隠れているので、一見すると、木目の美しいケヤキの柱に見えます。

※ 柱の大きさと比べて、人間をやや小さくかいています。

松や杉の柱

かすがい

ケヤキの化粧板

帯鉄

沓巻

東大手門の潜戸

夜は、門の潜戸から出入りします。普通、潜戸は頭を下げて、潜るようにして入りますが、東大手門の潜戸は、高さ230cmもある大変大きな潜戸です。

離宮時代、門の内側の柱に、花のつぼみ型の青銅製の大きなランプがつけられました。ランプの上部には、小さな菊の御紋がデザインされています。

離宮時代の潜戸

コラム 『 沓巻の二寸ちょっとの隠れ千鳥 』

ちょっと、ここに小さく千鳥を刻んでおこう

錺屋の看板

東大手門の柱の足元には、沓巻（根巻）とよばれる金箔の貼られた銅製の化粧金物が、「千古動かじ（永遠に動かないぞ）」とばかりに巻かれています。

これらの沓巻は、錺屋とよばれる金物細工の職人さんが作りました。

沓巻の一つには、職人さんの遊び心で、小さな千鳥が目立たないように刻まれています。

唐　門

　二条城の唐門は、後水尾天皇の行幸（1626年）にそなえてたてられた二の丸御殿の正門です。この門は基本的には、切妻屋根の四脚門ですが、屋根の前後（南北）に唐破風がついているので、唐門とよばれます。

　門には、城をまもる龍虎や唐獅子、長寿をあらわす鶴と亀、蛹から生まれかわった蝶や富貴の象徴・牡丹など、色鮮やかな37個の彫刻板がはめこまれています。

　唐門は、長い間、徳川家の永遠の繁栄を祈る門でしたが、明治時代に二条城が皇室の離宮になったので、門にかざられていた徳川家の葵の紋は、すべて皇室の菊の御紋に置きかわりました。

唐門前の鳳輦

　寛永行幸の一日目、御所を午後4時に出発した後水尾天皇の鳳輦は、二条城に午後6時に着きました。東大手門から入った鳳輦は、築地塀の前で左に折れ、次に右に折れて唐門の前を通っています。

　後水尾天皇は、行幸にそなえてたてられた絢爛豪華な唐門を鳳輦の中からご覧になりました。

　鳳輦の後ろには、御所の清涼殿から帝の御椅子や燭台、台盤（食卓）など日常の調度類が運ばれています。後方には、将棋の駒の形をした「日給の簡」の板も運ばれています。この板には、清涼殿に昇殿を許された殿上人の名前が書かれています。

　行幸の一行は、唐門からさらに西にある行幸御殿の正門・四脚御門に向かっています。

唐門の構造

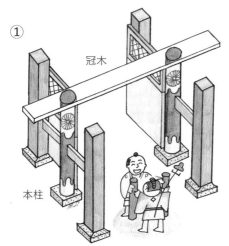

① 冠木

本柱

唐門の中心である本柱は円柱で、冠木（かぶき）でつながっています。

大きな菊の御紋が、本柱だけにかざられています。

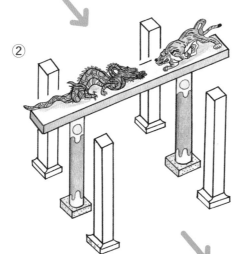

②

この門の主役は、冠木の上の「龍と虎」です。

本来は、東の青龍（せいりゅう）、西の白虎（びゃっこ）ですが、この竜虎はそれぞれ反対の位置にいます。

西の龍は体をうねらせ口を開き、東の虎は体を低くして口を閉じて、お互いににらみ合って、激突するエネルギーでお城をまもっています。

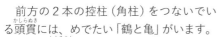

松

波

③

頭貫

控柱

前方の2本の控柱（角柱）をつないでいる頭貫（かしらぬき）には、めでたい「鶴と亀」がいます。

中央の蟇股（かえるまた）（屋根を支えるカエルが股をひらいた形の板）にいる亀は、松がはえた蓬莱山（ほうらいざん）を甲羅（こうら）に背負っています。

亀の左右には、二羽の鶴が飛んでいます。くちばしを閉じた左（西）の鶴は、くちばしを開けて鳴いている右（東）の鶴の方を振りむいています。

118

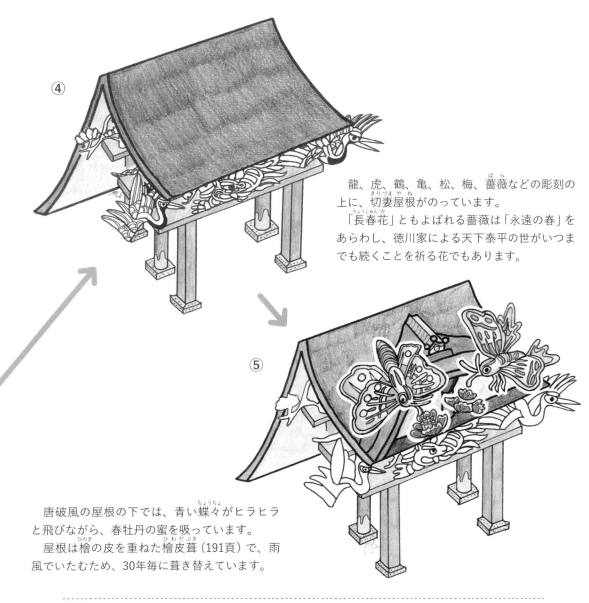

④

龍、虎、鶴、亀、松、梅、薔薇などの彫刻の
上に、切妻屋根がのっています。
「長春花」ともよばれる薔薇は「永遠の春」を
あらわし、徳川家による天下泰平の世がいつま
でも続くことを祈る花でもあります。

⑤

唐破風の屋根の下では、青い蝶々がヒラヒラ
と飛びながら、春牡丹の蜜を吸っています。
屋根は檜の皮を重ねた檜皮葺（191頁）で、雨
風でいたむため、30年毎に葺き替えています。

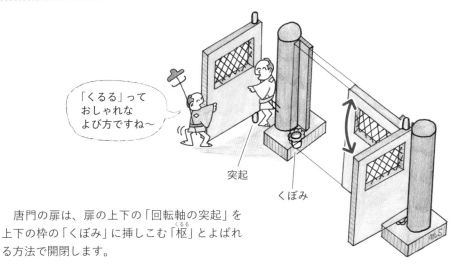

「くるる」って
おしゃれな
よび方ですね〜

突起

くぼみ

唐門の扉は、扉の上下の「回転軸の突起」を
上下の枠の「くぼみ」に挿しこむ「枢」とよばれ
る方法で開閉します。

四脚門とは、本柱の前後に控柱を2本ずつ立てて、合計6本の柱で屋根を支える門のことです。

一枚の紙を二つに折って伏せたような形の屋根を切妻造の屋根とよびます。

中央部分が弓なりで、左右になだらかに流れる独特の形の破風を唐破風とよび、この唐破風の小屋根を向かい合わせにして屋根につければ、向唐破風の唐門のできあがりです。

特に唐破風が目立つ四脚門は、唐門とよばれます。

唐門は中国由来の門ではなく、平安時代に日本で考えられた門です。

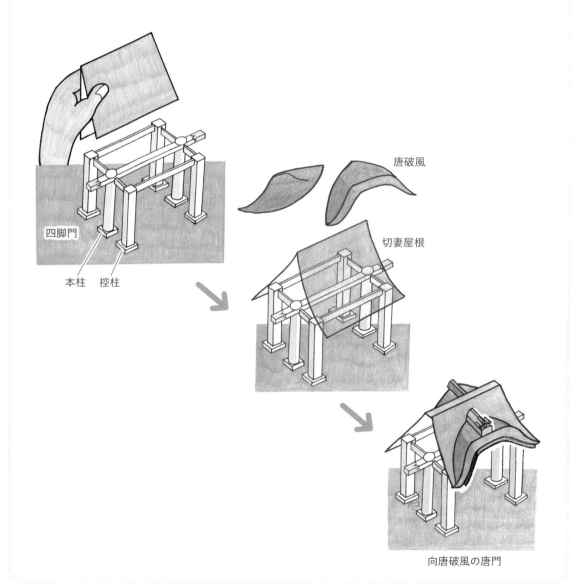

唐破風

切妻屋根

四脚門

本柱　控柱

向唐破風の唐門

唐門北面（二の丸御殿側）の長生きの黄安仙人

　唐門を通り抜けて門の上のほうを振りかえると、蟇股で、大きな亀にのった黄安仙人がこちらを見つめています。

　この亀は3000年に一回だけ、甲羅の中から頭を出すといわれています。黄安仙人は、亀が頭を出すところを5回見ているので、1万5000年以上も長生きしている仙人です。この亀は口を閉じていますが、反対側（正面）の蟇股の亀は口を開けています。

　仙人の両側には、めでたい時にあらわれる鳥・瑞鳥がいます。左（東）の鳥は口を開けて、右（西）の鳥は口を閉じています。

　唐破風の屋根の下には、羽を閉じて牡丹の蜜を吸っている青い蝶々が二頭います。この蝶々は、反対側（正面）の羽を広げて、牡丹の周りをヒラヒラと飛んでいる蝶々と対をなしています。

お城をまもる10頭の唐獅子

　唐門の両側面（妻の部分）と絵振板には、魔よけのための「唐獅子」と唐獅子を操る力をもつとされる「牡丹」の彫刻があります。

　それぞれ対に配置された10頭の唐獅子の口は、阿吽の形になっています。

西妻（側面）

東妻（側面）

絵振板

この茶色の唐獅子にはいやされますね〜

こちらの青い唐獅子は牡丹の花の香りをかいで飛びはねているみたいですね〜

　絵振板とは、築地塀の端を隠すための化粧板で、門の前後左右に4枚あります。北側（御殿側）の絵振板の唐獅子は、門を開けている間は、扉に隠れてみえません。

唐門の懸魚

屋根側面の三角部分（破風）の頂点に吊り下げられた独特な形の板を懸魚とよびます。

懸魚は、屋根の一番高い位置にある棟木の切り口を雨風から守っています。「水の中で泳ぐ魚の形の飾りを屋根に吊るして、火災を防ぐ」というまじないから始まったようです。

二条城の建物の懸魚には、蕪懸魚・三花蕪懸魚・梅鉢懸魚（199頁）などがあります。

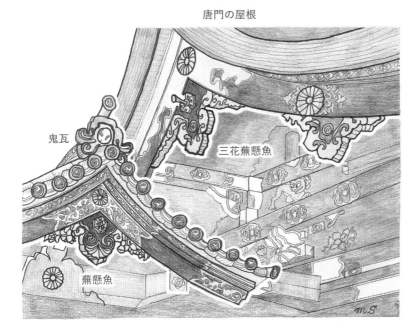

唐門の屋根

鬼瓦

三花蕪懸魚

蕪懸魚

唐門の懸魚は三花蕪懸魚で、両脇の袖塀の屋根の懸魚は蕪懸魚です。

蕪懸魚は、野菜の蕪のように、丸くてお尻が少しすぼんだ形をしています。

三花蕪懸魚は、蕪を左右と下に三個組み合わせた形の懸魚で、蕪懸魚よりデザインが複雑です。懸魚の中央には、六葉（六角形の鋲金具）が樽の口（酒樽の栓のような棒）で止められています。

袖塀の鬼瓦をよくみれば、徳川家の三葉葵の紋が削りとられて、鬼瓦の中央部分が平坦になっています。

袖塀の屋根

なるほど
鬼瓦はのっぺらぼうだなぁ

唐門には、金色の菊の御紋が正面に20、北面に17、側面に5個ずつ、全部で47個もかざられている〜

三花蕪懸魚のイメージ

コラム 「二条城の錺金具」

　錺金具とは、御殿や門などにある木製の部材を芳しくかざる金具のことです。

　二条城には、長押の釘隠（156頁）や違棚、格天井、襖の引手（99頁）、屋根の妻飾りや垂木、門に付けられた紋や沓巻（116頁）などたくさんの錺金具があります。

　二条城が、明治時代に、徳川家の城から皇室の離宮になった際に、城内をかざっていた徳川家の三葉葵の紋（葵紋）の錺金具は、皇室の十六葉の菊の御紋（菊紋）にかえられました。

唐門の菊の御紋

垂木

葵紋を平らにして！

こんどは菊紋を浮かびあがらせる

　唐門の冠木に付けられている菊紋など20個の菊紋は、明治時代に、取りはずした葵紋の錺金具を裏から菊紋に打ち直して、再利用したものです。

　唐門を見上げると、屋根を支える垂木が、前後左右に各３本ずつ見えます。この垂木の先端の菊紋は、実は直径９cmの葵紋の真中に穴をあけて、上から菊紋をかぶせたものです。

二条城で一番大きな菊の御紋

この菊の御紋は二条城で一番大きな錺金具だ

1 m20cmあります

　2018年９月の台風21号の雨風で、二の丸御殿・遠侍の妻飾りの菊の御紋（11頁）が地上に落下しました。

二の丸御殿

　徳川家の御殿は、江戸城や名古屋城などにもありましたが、現在、残っているのは、二条城の二の丸御殿だけです。

　二の丸御殿は、遠侍・式台・大広間・蘇鉄の間・黒書院・白書院からなり、東南から西北の方向に向かってジグザグの雁行型に配置されています。

　各部屋には、当時25歳の狩野探幽（かのうたんゆう）が率いた狩野派一門の絵書衆が、3600面以上の障壁画や天井画をかいています。

二の丸御殿（昭和40（1965）年頃）

　二の丸御殿で一番大きな建物である遠侍をはじめ、多くの建物の懸魚は蕪懸魚です。しかし、中心的建物である大広間だけは、蕪懸魚よりデザインが複雑な三花蕪懸魚です。

※ 障壁画とは、襖（ふすま）の唐紙障子（からかみしょうじ）にかかれた絵（障）や壁に貼りつけた絵（壁）のことです。

車寄・遠侍から白書院まで

　二の丸御殿のうち、遠侍・式台・大広間は儀式のための表向き（公的）の建物で、蘇鉄の間を
へて、奥にある黒書院・白書院は内向き（私的）の建物です。

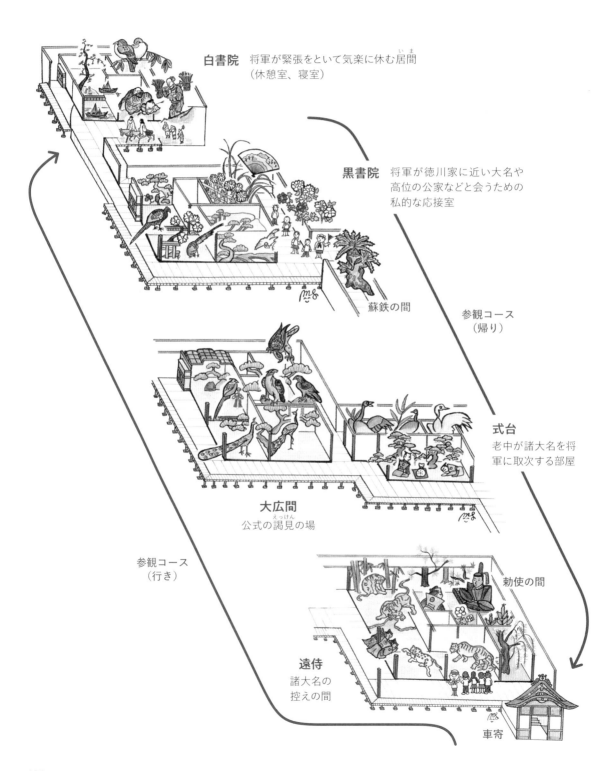

白書院　将軍が緊張をといて気楽に休む居間
　　　　（休憩室、寝室）

黒書院　将軍が徳川家に近い大名や
　　　　高位の公家などと会うための
　　　　私的な応接室

蘇鉄の間

参観コース
（帰り）

式台
老中が諸大名を将
軍に取次する部屋

大広間
公式の謁見の場

勅使の間

参観コース
（行き）

遠侍
諸大名の
控えの間

車寄

二の丸御殿が、ジグザグに雁行して建てられている理由

二の丸御殿の6つの建物は、屋根の向きを互い違いにして、ジグザグにたてられています。このたて方は、雁が飛ぶ様子にならって、雁行式とよばれます。

御殿を雁行式にたてると、風通しがよくなり、部屋の中に明かりを取りこみやすくなるので、壁の金箔が、より一層輝いてみえます。また、大広間からも、黒書院からも庭をみやすくなります。

はじめて御殿に参上した大名は、ジグザグの廊下を歩いているうちに、一体全体、自分は今どこを歩いているのかわからなくなります。また、ジグザグの廊下では、その先を見通すことができないので、廊下を曲がったその先に、何が待ちかまえているのか不安になるかもしれません。

もし二の丸御殿が**直列式**であったら…

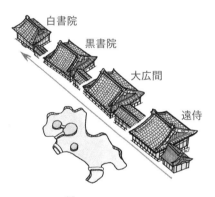

白書院
黒書院
大広間
遠侍

現在の二の丸御殿

雁行式

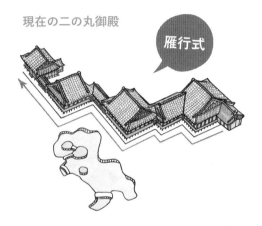

　各建物の角の出たり入ったりがないので、建物と庭との関係が単調になってしまいます。

　大きな建物が雁行式にたっていると、陽の当たる明るい面と日陰になる面が交互にリズミカルに繰りかえされます。このようなたて方は、室町時代の武家屋敷の細川殿（細川管領邸）（30頁）や江戸時代の桂離宮などにもみることができます。

雁が飛ぶ様子

歌川広重「名所江戸百景、浅草田甫酉の町詣」
（1857年）

　窓辺の猫がながめている田んぼのあぜ道には、酉の市でにぎわう鷲神社から帰ってくるたくさんの人々が歩いています。

　夕日に赤く染まった西の空には、雁がV字を組み合わせて、斜めに編隊飛行しています。

1 玄関・車寄

　車寄は、二の丸御殿の玄関です。

　車寄の屋根は、寛永行幸時は柿葺でしたが、その後に瓦葺となり、離宮時代に現在の檜皮葺になりました。入母屋造の屋根の軒先に軒唐破風がついているので、屋根にふった雨は真下には落ちずに、左右に流れていきます。

　はじめて二条城に参上した大名たちは、見事な彫刻で埋めつくされた唐門に感嘆し、次に、車寄の極彩色の大欄間に驚いて、将軍家がもつ大きな力にふるえあがったかもしれません。

遠侍の車寄から出てくる家光の二頭立ての牛車
江戸時代、遠侍や車寄の屋根には、三葉葵の紋がかざられていました。

車寄の彫刻

軒唐破風の蟇股（かえるまた）

車寄の正面には、魔よけの唐獅子が
かざられています。

中央の大欄間の表側（だいらんま）（分解図）

大欄間の表側には、5羽の鸞鳥と松
や牡丹が彫られています。

鸞鳥（らんちょう）は、君主が折り目正しいときに
あらわれるとされる想像上の鳥です。

松は徳川家の繁栄、百花の王・牡丹（ぼたん）
は富貴をあらわしています。

鸞鳥

松と
牡丹

中央の大欄間の裏側（室内側）

両面彫り（りょうめんぼ）の大欄間の裏側は、松と牡丹の
幹の周りに花と葉をあしらって、表側の鸞
鳥を巧みに隠しています。

左（西側）の欄間　鳥と牡丹

左の鳥は、羽を休めて口ばしを閉じて、牡丹の
花をながめています。

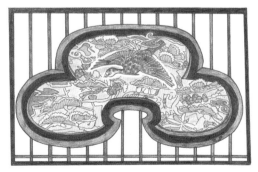

右（東側）の欄間　鳥と松と梅

右の鳥は、口ばしを開けて、梅の花と松の間を
鳴きながら飛んでいます。

車寄の彫刻は1958（昭和33）年に極彩色（ごくしょく）に復元されましたが、60年以上風雪（ふうせつ）にさらされて、
今は古色をおびています。

2 遠侍

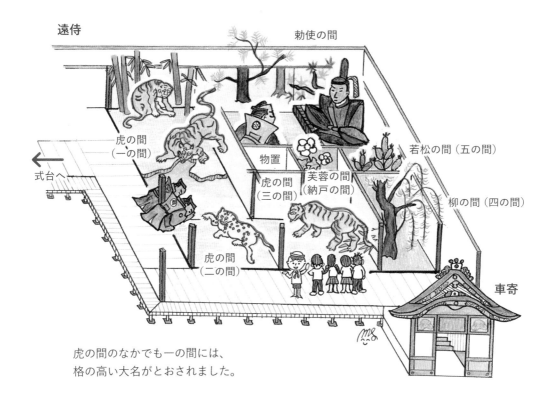

遠侍

勅使の間

虎の間
（一の間）

式台へ

物置

芙蓉の間
（納戸の間）

虎の間
（三の間）

若松の間（五の間）

柳の間（四の間）

虎の間
（二の間）

車寄

虎の間のなかでも一の間には、
格の高い大名がとおされました。

「遠侍」とは聞きなれない名前ですが、「警護の武士の詰所」を意味します。主君のおそばに仕える（近侍する）のではなく、少し離れて表の所に詰めているので遠侍というわけです。

遠侍は、将軍上洛の際に諸大名が控える部屋で、二の丸御殿で最も大きく、平屋建てですが、5階建のビルと同じくらいの高さ（16.6m）があります。

遠侍へは、車寄から入ります。

遠侍には、天皇からの勅使を迎える特別な部屋「勅使の間」（79頁）があります。勅使の間は、遠侍の中でも北奥にあり、参観時には最後に見学する部屋です。

遠侍の左半分にL字型に配置された虎の間（一〜三の間）は、大名の待合室で、狩野永徳の甥の狩野甚之丞が壁一面に、虎をかいています。当時、玄関近くの部屋に虎の絵をかくことは、二条城以外の城や屋敷でも行われ、障壁画制作における約束事の一つでした。

虎は中国や朝鮮では「霊獣」とされ、これを従える主人の力を誇示し、主人をまもりつつ、来殿者を威嚇するためにかかれたといわれています。

四つの部屋で囲まれた「物置」は、どこからも光が入らない密室なので、「暗の間」とよばれていました。

※ 遠侍の東端の脇玄関（現在、団体用入口）は、離宮時代に改造されたものです。二頭のかわいい瓦の唐獅子が、屋根の上から玄関をまもっています。

虎の間の障壁画

水飲みの虎（虎と豹）（二の間）

　江戸時代、「虎と豹は毛皮の模様がちがうだけで、同じ種類の動物である」と思われていたので、虎の間には、虎が21頭、豹が15頭かかれています。

　「水飲みの虎」は、二の間で最初にみえる虎です。

　本物の虎や豹をみたことのない大名たちは、将軍のお目通を待っている間、青い目をして眼光するどく自分たちの周囲を歩く虎や豹に、恐れおののいていたかもしれません。

竹林で眠る虎（一の間）

　一の間の一番左奥にみえる虎です。物悲しげな虎のようにもみえますが、実は、笹の葉がサラサラとなる静かな孟宗竹の林で、背中を丸くして眠っている虎です。

乳をあたえる母虎と三匹の子ども（三の間）

　この絵は、虎の間で最初にみえる絵です。

　「虎が子を3匹生むと、1匹は豹である」という中国の故事にもとづく絵を参考にしていると思われます。

※ わかりやすくするために、4匹の色を変えています

3 式台の間

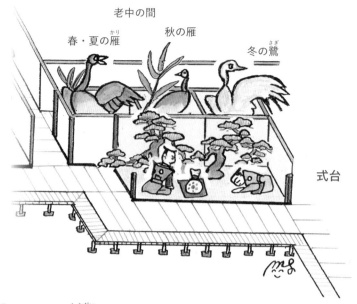

老中の間
春・夏の雁（かり）
秋の雁
冬の鷺（さぎ）
式台

式台（しきだい）は、挨拶（あいさつ）を意味する色代（しきだい）に由来するよび方です。

式台の間は、将軍に従って上洛した幕府の老中が大名と挨拶し、大名からの献上品（挨拶代わりの贈物）を将軍に取りついだ部屋です。

式台の間は一部屋だけからなり、壁全体を一つの画面として、左右に堂々と枝を広げる巨大な松が２本だけかかれています。一年中枯れることなく、常に青々としげる松は、徳川家の以前の名前「松平」にも通じ、徳川家の繁栄と政権の永続性をあらわしています。

大名たちは、将軍との対面にそなえて、松の前で身だしなみを整えて、緊張しながら次の大広間に進みます。

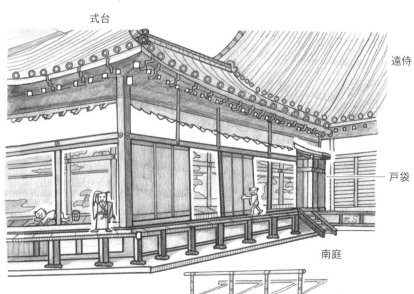

式台
遠侍
戸袋
南庭

夕暮れの式台

二の丸御殿の雨戸は、日中は大きな戸袋の中に重ねて収められています。

夕方になると、戸袋から雨戸を引きだして閉めます。

四方にらみの獅子（式台の廊下の杉戸絵）

杉戸絵とは、廊下（入側）の通行を遮断する間仕切に用いる杉戸にかかれた絵のことです。

二の丸御殿には156面の杉戸絵と板絵があります。

杉戸には敵の侵入をさえぎる効果があるので、156面のうち56面（3割5分）は、将軍が休む白書院の廊下の要所要所にすえつけられています。

式台の前の廊下の東端の左右2枚の杉戸には、相対する二頭の唐獅子、裏面（遠侍側）には竹虎図がかかれています。

式台の杉戸絵のうち右側の唐獅子

正面を向いた獅子は、どこから見ても、こちらをにらんでいるように見えるので、「四方にらみの獅子」とよばれます。

杉戸絵は、木目をいかすために、背景はぬりつぶしません。

杉戸の縁は黒漆塗で、引手金具とL字の留金がつけられています。二枚の杉戸は引違い戸で、L字の留金を柱の輪っかにとめて戸を閉めます。

※ 杉戸は現在、通路を確保するために取りはずされて、収蔵庫で保管されています。

式台・老中の間

三の間（冬）　　　　　　　　二の間（秋）　　　　　　　　一の間（春夏）

水葵

りんどう

寒菊

一の間・二の間：蘆雁図　　　三の間：雪中柳鷺図

　式台の間の後ろ（北側）には、老中の間が三室あります。

　二の丸御殿の参観コースのなかでも最後の方になる老中の間の見学は、大広間・四の間（槍の間）の豪壮な松鷹図を見学した後になり、その前を足早に通りすぎてしまうかもしれません。

　しかし、幕府の老中が執務していた老中の間の三室の絵は、季節の移ろいが春から冬へと、順番にえがかれた詩情あふれる絵です。

　一の間（春夏）は、芦のおいしげる水辺で遊ぶ雁、二の間（秋）は、刈りいれのおわった田んぼでエサをついばむ雁、そして三の間（冬）は、雪がつもった冬枯れの柳と白鷺がかかれています。

　老中が忙しい仕事のあい間に、ふと絵をみた時に心が休まるようにと、絵は老中の目の高さにあわせてかかれています。

　三の間の絵は、探幽を指導した狩野興以がかいたとされます。

　このような風情のある光景は、現在の日本では見ることがむつかしいかもしれません。

　長押の釘隠はシンプルな六葉型で、長押の上の小壁も白く、それだけに絵に集中できます。

　将軍は、老中の間に立ち寄ることがないため、老中の間とその前の廊下の天井だけは、豪華な格天井ではなく、シンプルな棹縁天井になっています。

4 大広間

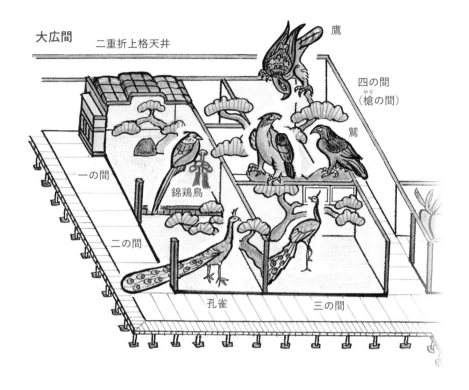

大広間　二重折上格天井

鷹

四の間
（槍の間）

鷲

一の間

錦鶏鳥

二の間

孔雀　　三の間

　大広間は、二の丸御殿の正殿で、最も豪華につくられています。

　江戸時代の大名には、親藩、譜代大名、外様大名の３種類がありました。大広間は、大名のうち外様大名が将軍にお目にかかる部屋です。

　どの部屋の壁にも、徳川家の永続的な繁栄を願う常緑の松がかかれ、季節によって咲いたり、枯れたりする花はかかれていません。

　そのかわり、一の間は錦鶏、二の間・三の間は孔雀、四の間は鷹や鷲が、松の絵にそえられています。

　珍しい錦鶏や孔雀は、幕府の富と権力を誇示しています。

一の間・帳台構の「松錦鶏図」（探幽筆）
　外国から将軍におくられた珍鳥の錦鶏は、キジ科の鳥です。オスは尾羽が長く、鮮やかな色をしています。

※ 親藩…御三家など徳川家の親戚の大名　　譜代大名…関ヶ原の戦いの以前から徳川家の家臣であった大名
　外様大名…徳川家の親戚でも家臣でもなかったそれ以外の大名

日本一大きな書院造の部屋

　大広間の一の間は、日本一大きくて豪壮な書院造の部屋です。
　向かって左奥に床の間、右に違棚があり、床の間の左に付書院、違棚の隣に帳台構がありま
す。これらの「座敷飾り」は、将軍がすわる空間をおごそかに演出しています。

　床の間の板は、長さ5.5m（三間）、幅1m、厚さ16cmのケヤキの一枚板です。
　床の間や違棚には、花や工芸品がかざられ、床の間の金色に輝く障壁画の前には、三幅の掛
軸がかけられていたと思われます。今もよく見ると、掛け軸をかける金具が3つ残されています。
　また、一の間、二の間、三の間の長押には、御簾を吊ったり、幕を張ったりする金具が点々
と残っています。

大広間の構造

　将軍一人がすわる一の間の畳の数は48枚、一方、たくさんの大名がひかえる二の間の畳の数は、4枚少ない44枚です。

　なお、家康のときの大広間は上段、中段、下段の3室構成でしたが、寛永の行幸にそなえて、3室分の広さはそのままで、一の間と二の間の2室に改築されています。

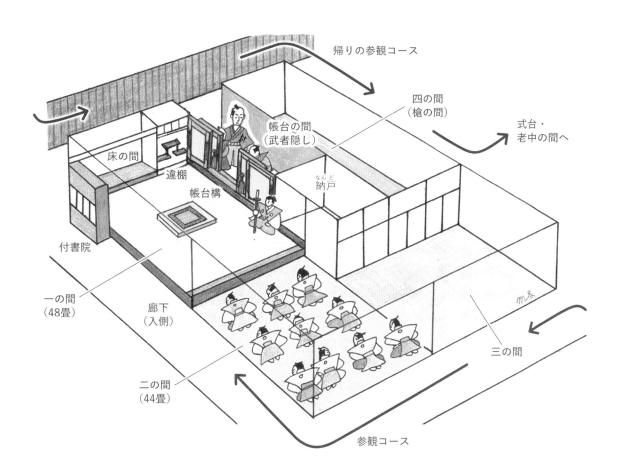

　「書院」には、①建物全体、②一つの部屋、③出窓のような出文机の3つの意味があるので、
出文机のことを別名で付書院とよびます。

一の間の帳台構からあらわれる将軍

　大広間は、床と天井の高さを変えることによって、将軍と外様大名の身分の違いを空間的に表現しています。

　将軍がすわる一の間は、床が一段高く、天井は内側に湾曲した折上格天井です。天井の中央は、さらにもう一段高い二重折上格天井になっています。

　仏様の頭の上にかけられた天蓋のようにもみえる二重折上格天井は、将軍がすわる場所が最高位の空間であることをあらわしています。

　帳台の間（14畳）は、将軍が一の間にでるための通路です。大名と対面する時、将軍は大広間の北側の廊下から、まず帳台の間にはいります。

　帳台の間でひかえていた家来が扉を左右にあけると、将軍は床から一段高くなった敷居をまたいで一の間に入ります。この間、二の間の大名たちは、平伏してまっています。

　将軍が万一、敵に襲われても、とっさに帳台の間に逃げこめば、中に隠れている家来がまもってくれるので、帳台の間には「武者隠し」という俗称があります。

大広間の天井は黒漆塗りの格天井で、格子と格子の間は極彩色の万華鏡のような天井画で埋めつくされています。そのため、大広間は、どこにも白い部分がありません。

将軍の威光を高める大広間の松

　一の間から三の間の壁には、徳川家に従わせるべき外様大名に将軍の威厳を示すため、探幽が工夫をこらした松をかいています。

　二の間の東西の壁の松は、将軍がすわる一の間の方向に大きく枝を伸ばしてなびいています。

　一の間正面の松は、根元が岩に食いこんだ老松です。まるで将軍の頭の上に大きな傘をさしかけているかのような見事な枝ぶりが、将軍の威光をいよいよ高めています。

切手になった二の間の松

　1972（昭和47）年2月1日、封書（手紙）の郵便料金が15円から20円に値上げされました。

　この時、探幽がかいた二の間の松を絵柄にした20円切手が大量に発行されました。

一の間

二の間

画壇の家康・狩野探幽

　狩野派は、室町時代から江戸時代まで活躍した画家のグループです。初代の狩野正信が、室町幕府の御用絵師となったのが狩野派のはじまりです。

　その後、桃山時代になって、5代目の永徳（1543～1590）が安土城（織田信長）や大坂城（豊臣秀吉）の障壁画をかきました。

　探幽は永徳の孫で、徳川幕府の御用絵師として、江戸時代の狩野派の基礎をつくりあげました。明治時代の美術評論家・岡倉天心は、探幽のことを「画壇の家康」とよんでいます。

狩野探幽（1602～1674）
（伝桃田柳栄筆、京都国立博物館所蔵）

　秀忠・家光が二条城を改築していた頃、江戸にいた25歳の探幽は、狩野派一門の絵書衆を引きつれて上洛し、二の丸御殿、行幸御殿、本丸御殿の襖や壁などに絵をかきました。

　現在、二の丸御殿には3600面以上の障壁画や天井画があり、そのうちの1016面が重要文化財に指定されていますが、行幸御殿、本丸御殿の絵は、残念ながら残っていません。

探幽の制作現場（大広間三の間）

　祖父・永徳の絵（右頁の上）は、大木の枝が画面の枠からはみ出るような絵でしたが、探幽はL字型の変形した画面でも松全体がおさまるように、計算された構図で絵をかきました。

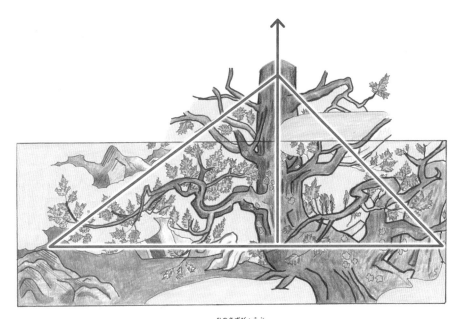

探幽の祖父・永徳のかいた「檜図屏風」（1590年、東京国立博物館所蔵）

　永徳のかいた檜の大木は、画面いっぱいに枝を広げて、画面を突きぬけています。永徳の檜図屏風の画面には、もはや余白は残っていません。なお、実際の絵は四角い枠の中だけです。

探幽が三の間北面にかいた「松に孔雀図」

　探幽は、L字型の大画面に幹と枝を三角形にイメージし、半円形の松葉のパターンを重ねて、一本の巨大な松をかきました。祖父・永徳の絵とは異なり、松の周囲には、十分に大きな余白がとられて、空間の広がりが感じられます。

　松の根元はかかれていませんが、そのかわりに、松のそばに、りんとして佇む一羽の孔雀がかかれています。右上の欄間の孔雀も、探幽の孔雀と呼応しています。

141

二の間の鳳凰の彫刻

　二の間と三の間の境にある欄間には、「徳の高い王が即位すると、姿をみせる」というめでたい鳳凰が4羽、彫られています。欄間は両面彫りで、二の間側が正面です。

　2対の鳳凰は、口を開けたり、閉じたりして、大きな桐の木のまわりを飛んだり、枝に止まったりしています。鳳凰が宿る神聖な桐の木には、たくさんの実がなり、百花の王・牡丹も大輪の花を咲かせています（上の絵は左側の彫刻、下の絵は右側の彫刻）。

三の間の孔雀の彫刻

　尾羽を大きく広げた孔雀など、4羽の孔雀が彫られている三の間側が欄間の表です。
　孔雀は、向かって右から口を開けた阿形と口を閉じた吽形の一対が2組、彫られています。

（上の絵は左側の彫刻、
下の絵は右側の彫刻）

四の間 (槍の間)

　一の間の裏にあたる四の間は、かつては、将軍の武具をおいた部屋なので「槍の間」とよばれていました。四の間の絵だけは、探幽の祖父・永徳の一番弟子であった狩野山楽が担当しています。特に、画面の枠を突きぬけてかかれた南面の松（次頁）は、桃山時代の永徳の画風をしのばせます。

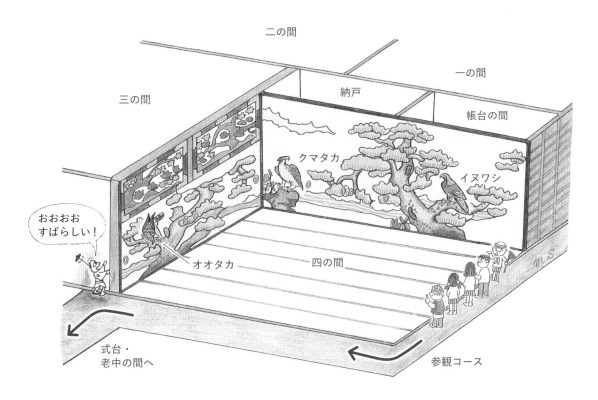

　四の間の「松鷹図」には、一羽の鷲と二羽の鷹がかかれています。
　家康や家光は、鷹狩りが大好きで、鷹を操って、鶴や白鳥をつかまえました。四の間の鷹や鷲は、徳川幕府が戦国の世を終わらせ、その権威を絶対的なものにしたことをあらわしています。
　西面の松鷹図（絵の右）は、天井まで届く大きな老松の頂を三角形の頂点とし、底辺の両角には鷹と鷲がかかれて、緊張感をもった構図になっています。
　右に伸びた松の枝にとまるイヌワシは、川の上流の岩の方をじっとにらんでいます。
　岩の上のクマタカが、その気配に気づいて振りかえっています。
　松と鷹、鷲の配置は、四の間のどこにすわっても、身分の上下に関係なくすわれるように考えられています。

　三の間と四の間の間には、厚さ35cmのヒノキの板を両面から透かし彫りにした欄間（左頁の下）がはめ込まれています。
　三の間側が表で孔雀、四の間側が裏で唐松と椿や薔薇が彫られています。この両面彫りの欄間は、二条城の彫刻の中で最も豪華な彫刻です。三の間の表側と四の間の裏側の両方から欄間を見比べてみましょう。

四の間・南面の松鷹図と欄間

　四の間の欄間には、表側の三の間の孔雀（142頁の下）を隠すように、唐松や椿、薔薇が彫られています。

　欄間の下の「松鷹図（まったかず）」の松は、画面の右手に大きく倒れながらも、四方に枝を伸ばしています。

　松の背後で、ごうごうと流れ落ちる滝の水は左右に分かれて遠くまで流れていきます。

　松の幹にとまるオオタカが、松の根元の獲物（えもの）を鋭い目つきでねらっています。

オオタカ（蒼鷹）
日本の鷹の代表で、鷹狩りに用いられます。

クマタカ（熊鷹、角鷹）
「森の王者」ともよばれます。

イヌワシ（狗鷲、犬鷲）
空の覇者・イヌワシは、翼を広げると2ｍあります。天然記念物で、絶滅危惧種です。

　鷹（たか）と鷲（わし）は、大きさが違うだけで、同じタカ目タカ科の鳥です。例外はありますが、小さいのが鷹で、大きい方が鷲です。二条城は、1994（平成6）年に、「古都京都の文化財（17カ所）」の一つとして、ユネスコの世界文化遺産に登録されました。

　二の丸御殿の建物や松鷹図は、2002年に80円切手（世界遺産シリーズ第6集）になっています。

　各部屋が表向きの場であるか、内向きの場であるかは、畳の敷き方でもわかります。

　黒書院（左の絵）や白書院（下の絵）の一の間の畳は縦に敷かれて、二の間から一の間に、進めるようになっています。

　しかし、大広間（右の絵）の一の間の畳は、二の間と同じく横方向に敷かれていて、一の間には進めません。

黒書院の畳

大広間の畳

白書院の畳

　白書院の一の間の畳も縦に敷かれているので、二の間でたてたお茶を一の間に運ぶことができます。

5　蘇鉄の間

蘇鉄の間は、大広間と黒書院の間にあり、その名の通り、ここから庭の蘇鉄がよく見えます。

出入り口の板戸には、蘇鉄の絵がかかれています。

蘇鉄の間の板戸の一枚

コラム　『蘇鉄の菰巻ができあがるまで』

蘇鉄は寒さに弱いので、二条城では毎年冬がくる前に、二の丸庭園の蘇鉄を菰で巻いて防寒しています（166頁）。

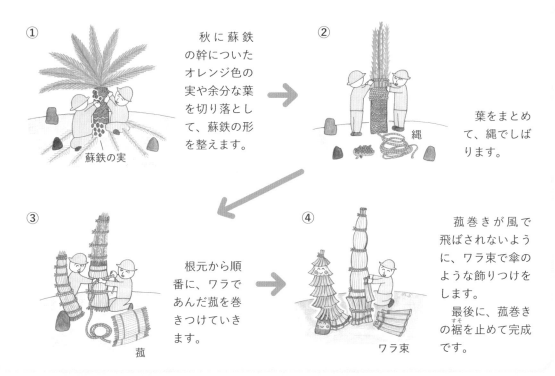

① 蘇鉄の実

秋に蘇鉄の幹についたオレンジ色の実や余分な葉を切り落として、蘇鉄の形を整えます。

② 縄

葉をまとめて、縄でしばります。

③ 菰

根元から順番に、ワラであんだ菰を巻きつけていきます。

④ ワラ束

菰巻きが風で飛ばされないように、ワラ束で傘のような飾りつけをします。

最後に、菰巻きの裾を止めて完成です。

6 黒書院

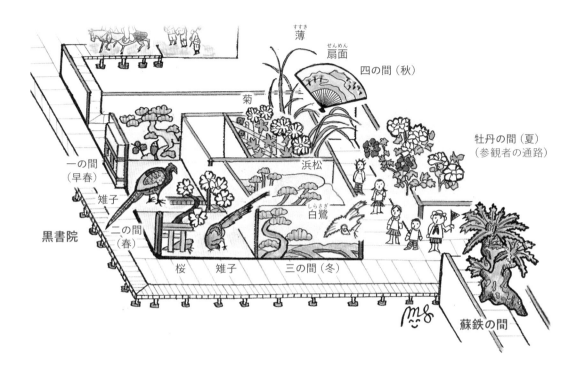

黒書院は、江戸時代は小広間とよばれ、将軍が親藩や譜代大名、親王や大臣など高位の公家と会うための私的な応接室でした。部屋は大広間よりも一回り小さく、一の間の折上格天井も一重です。

黒書院は一の間から四の間の四室からなり、その東隣りに板敷の牡丹の間が付属しています。牡丹の間は、現在、帰りの参観コースの通路になっています。

黒書院は大広間とちがって、ことさら威厳を示す必要はないので、将軍と訪問者がうちとけた雰囲気になるように、壁には、桜や浜辺の松、梅、菊、牡丹、雉子、鷺、小鳥などの優美な絵がかかれています。

一の間の絵は、雪化粧した老松に紅梅や小鳥、柴垣がそえられて風情のある早春の光景です。一の間の早春にはじまり、二の間の春（桜）、三の間の冬（雪）、四の間の秋（ススキ）、牡丹の間の夏と展開されます。

一の間正面にみえる早春の松

　黒書院・一の間の床の間の壁には、探幽の弟・尚信（なおのぶ）が、少し雪化粧をした松を大広間正面に
みえる探幽の松と同じような姿でかいています。

　大広間の松は、将軍の威厳を大名に見せつけるための松ですが、黒書院の松は、親しい人々
が集まる場がなごむような早春の松です。

「雪松梅柴垣蔦小禽鳥図」　狩野尚信筆

　松の根元の柴垣には、冬枯れの蔦（つた）の葉がからみ、松の背後には、紅梅がちらほらと咲いてい
ます。また、松の太い幹には、つがいのカケスがとまり、紅梅の細い枝には、シマヒヨドリが
一羽とまっています。

　画面の左下端に、笹の葉を数枚かくことによって、全体で松竹梅の絵柄になっています。

　「松竹梅」は、現在は「おめでたい取合せ（とりあわせ）」の代表です。しかし、松や竹は寒い冬でも青々と
した葉をつけ、梅は香りのよい花を咲かせるので、この頃は、風雪や厳寒にたえる「歳寒（さいかん）の三
友（ゆう）」として、よく絵にかかれました。「黒書院の松竹梅の絵」は、冬の自然の風景をかきなが
らも、「逆境にまけない人間であれと、将軍に君子の徳を説く絵」でもあります。

　なお、松につもる雪は、胡粉（ごふん）（貝殻を焼いて作った白い顔料）を盛り上げるように厚くぬって
立体的に表現されています。

　また、冬枯れの蔦の紅葉にぬられた銀が酸化して黒くみえています。

　絵の右上の四角い黒点は、掛け軸をかけるための金具です。

大坂夏の陣へ出陣前の黒書院での作戦会議

　家康は、大坂冬の陣（1614年）と夏の陣（1615年）の2回、二条城から大坂城に出陣して、豊臣家を滅ぼしました。

　駿府城（静岡県）から二条城についた家康は、江戸城からかけつけた秀忠たちと出陣前に、黒書院で作戦会議をしました。

　違棚は、花瓶や壺、香炉などの工芸品をかざっておくための棚ですが、黒書院には違棚が二つあります。

　出陣前の会議では、書類や地図などたくさんの戦の資料を用いるため、重要な会議をする黒書院には、資料を置くためにも違棚が二つ必要だったのかもしれません。

　黒書院の二の間の長押には、幕を張りわたす金具が点々とつけられて、会議は幕を張りめぐらした中で行われました。

※ 黒書院の構造は、家康の時代と秀忠・家光の時代で、大きな違いはありませんでした。
　絵は、秀忠・家光の時代を参考にしています。

7 白書院

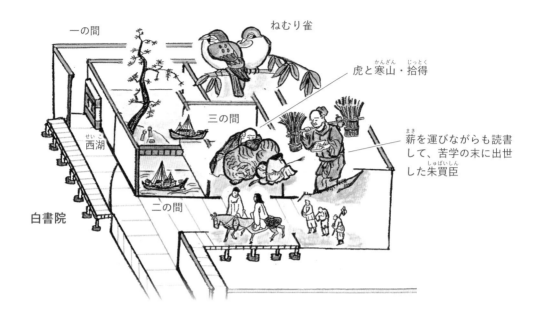

一の間

ねむり雀

虎と寒山・拾得
かんざん　じっとく

薪を運びながらも読書
まき
して、苦学の末に出世
した朱買臣
しゅばいしん

三の間

西湖
せいこ

白書院

二の間

　白書院は、江戸時代、将軍の「御座の間」とよばれ、昼は将軍の休憩室、夜は寝室になりました。

　壁の絵には中国由来の題材が選ばれ、一の間と二の間には中国の名勝・西湖の風景、そして、三の間には伝説や歴史上の人物などが、将軍の心がやすらぐように水墨画でかかれています。しかし天井だけは、色とりどりの天井画でかざられています。

　一の間は将軍の寝室なので、四隅の柱には、蚊帳を吊る金具がついています。部屋全体に大きな蚊帳を吊るために、金具は二段になっており、柱の上方にある滑車で蚊帳を吊りあげて、柱の中程にある金具に蚊帳のヒモの端を固定する仕組みになっています。

　また、一の間と二の間の境は、襖で仕切られています。
ふすま

一の間の天井画

　絵は天井画58面中の一枚です。活き活きと咲く八重の椿の周りを二対のあうんの鳳凰が飛んでいます。

※ 元来、黒書院は「皮がついたままの黒木」でたてた内向きの書院のことです。一方、白書院は「ひのきの皮をけずって角材にした白木」を用いて、書院造の基本に従ってたてた表向きの書院のことです。しかし二条城では、将軍がゆっくりと落ちつくことのできる私的な部屋を白書院とよんでいます。

二の間の西湖図

　質素を重んじる武家の部屋らしく、白書院の一の間〜三の間には、花や鳥はかかれていません。

　一の間と二の間の壁には、中国の名勝・西湖（杭州市）の水辺の風景が、金粉などで部分的に淡く色付けされた水墨画でかかれています。部屋の中央にすわると、湖上に浮かんだ舟に乗って岸辺をながめているような気分になれるそうです。

　下の絵は、参観コースから見学できる二の間の北面左側の襖の絵です。

襖の引手の模様は、菊の御紋です（99頁）。

二の間の西湖図（中華風イメージ）

　左上の遠くの方では、二段の滝（遠景）がまっすぐに落ちています。

　崖の上にたつピラミッド型の宝形屋根の楼閣（中景）には、崖の下（近景）から、流れ落ちる滝の音がごうごうときこえてきます。

　右下の楼門の前では、高士（高潔に生きる隠者）が、一抱えもある大きな掛け軸を持っている童に、これから上っていく楼閣を指さしています。

　楼閣では、二人の高士と童が、庭の盆栽でもながめながら、楼門の前の二人がたずねてくるのを待っているようです。

四の間「竹梅に雀図（ねむり雀）」

　白書院の絵は、探幽を狩野派のリーダーに育てあげた狩野興以が担当しました。

　四の間には、雪がつもって深々と頭をたれる竹とその背後に白い花を咲かせている老梅がかかれています。左にすーっと伸びた一本の竹の枝の先には、二羽の雀が体を丸くして眠っています。

　四の間の「ねむり雀」の絵は、「興以の絵の中で、もっとも詩情にあふれている」といわれていますが、残念ながら、参観コースからみることはできません。

全体図

拡大図

廊下に板（床板）を張る方法には、「板の上から直接、床下の根太（床板を支える横板）に釘をうって板を固定する方法」と「床下で工夫をして板を固定する方法」の2通りがあります。

二の丸御殿の廊下は、「めかす釘」という特別の釘を用いて床下で板を固定する方法で、歩くとキュッキュッと音がするので「ウグイス張りの廊下」とよばれています。

徳川家の菩提寺である知恩院（京都市東山区）などにも、ウグイス張りの廊下があります。

ウグイス張りの二の丸御殿

大広間

御殿にあがって廊下を歩きだすと、床下からキュッキュッと音がしてきます。

ウグイス張りの廊下は、「静かに歩こうとすればするほど、音がよく鳴る」ともいわれ、江戸時代、侵入者があると危険を知らせてくれたのかもしれません。

もしも、釘の頭が床から飛び出していたら…

床板を根太に固定する時に、板の上から直接、釘を打ち込むと、長年の間に、釘の頭が床から飛びだして、歩く人がケガをしたり、袴の裾をひっかけてしまうかもしれません。

建物によって異なるめかす釘の固定方法

　ウグイスの鳴く声は、遠侍、式台、大広間まで続きますが、蘇鉄の間をへて、黒書院まで進むと聞こえにくくなります。

　遠侍・式台・大広間の建設は五味豊直、黒書院の建設は小野貞利、白書院の建設は小堀遠州が、それぞれ造営奉行として担当しました。

　同じ二の丸御殿の廊下でも、奉行によって、めかす釘の固定方法が異なっています。

黒書院

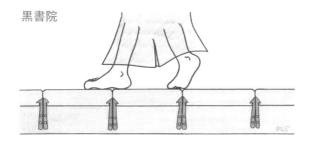

大広間
式台
白書院など

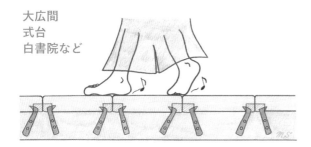

　めかす釘は、基本的には、板の真中で垂直に固定して用います。しかし、二の丸御殿の廊下の板の幅は40〜65cmと大変広いため、めかす釘を板の両端に打ち込んで固定しています。

　黒書院のめかす釘は垂直に固定されて、釘の動くスペースがありません。そのため黒書院では、年数がたってめかす釘の固定がゆるんだ場合に、たまたま偶然に「床鳴り」すると考えられます。

　一方、大広間のめかす釘は、板の両端に「めかすぼり」とよぶ「くぼみ」を作って、斜めに固定されています。「わざわざ、床板が動く空間を作っている」ことから、意図的に床が鳴るように工夫されていると考えられます。

ウグイスがないてのどかな庭じゃなー

ウグイス張りの床ができるまで

①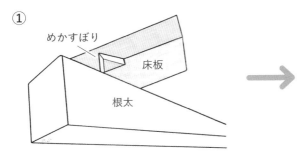

めかすぼり

床板

根太

床板の下面に、「めかすぼり」を彫ります。
めかすぼりの釘を打ち込む面は、板や根太に対して直立した壁面になっています。

②

めかす釘
（約12cm長）

めかすぼりの直立した面に、めかす釘の長く尖った先端を打ち込みます。
次に、めかす釘の穴に鉄釘を打って、めかす釘を根太に固定します。
めかす釘は、本来、根太に対して垂直に固定する釘です。しかしウグイス張りの床では、板が動けるように、少し角度をつけてめかす釘を斜めに固定しています。

③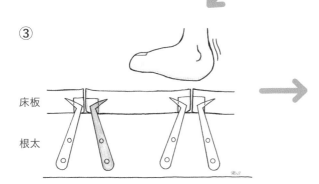

床板

根太

床板は年月がたつと、少し上にそりかえった状態になります。
しかし床板が動いても、めかす釘は根太に固定されているので動きません。

④

人が板を踏むと、板の端が、少し上に持ちあがります。
この時、絵の赤い部分の板が少しずれることにより、釘の先端部分と板がこすれて、「キュッ」ときしみ音が出ると考えられます。

※ ウグイス張りの仕組みは、二の丸御殿の床下の状況をもとに、草深倫様（建築家、愛知県）のご意見を参考にさせていただきました。なお、ウグイス張りの目的や仕組みには、諸説あります。

コラム 『二の丸御殿の釘隠』

長押や扉に打ち込んだ釘の頭を隠すための飾金具のことを「釘隠」とよびます。二の丸御殿の柱や長押の釘隠は、各部屋によって異なり、大きくわけると3種類あります。

（1）遠侍、式台の釘隠

遠侍や式台の釘隠は、大中小の半球状の金具が三段に積みあげられた立体的な金具です。

金具の先端に印された「三葉葵の紋」が、訪れた人に、この城が徳川家の城であることを示しています。

台座の両端は、巾着袋の形（括袋形）をしています。

括袋形釘隠

アラ?!
ここにも巾着が…

赤ちゃんを包む巾着袋

（2）白書院の釘隠

将軍がふだん過ごす白書院の釘隠は、六枚の葉を六角形にデザインしたシンプルな六葉型です。釘隠の先端部分に印されていたであろう葵の紋は、明治時代に入ってから削り取られたと思われます。

なお、式台・老中の間と蘇鉄の間の釘隠も六葉型です。

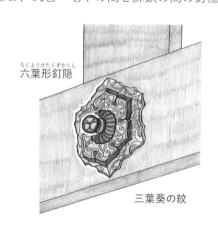

六葉形釘隠

三葉葵の紋

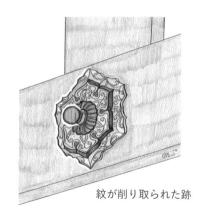

紋が削り取られた跡

※ 長押とは、柱と柱の間の壁に取り付けられた装飾的な横木のことです。

（3）大広間、黒書院の釘隠

　大広間の釘隠は横幅78cm、黒書院の釘隠は横幅64cmと、ともに極めて大きな釘隠です。これらの釘隠は、数本の牡丹を熨斗紙で包んだ「花熨斗型釘隠」とよばれます。

　大広間にある206個の釘隠と比べて、黒書院の釘隠は、256個の金具ごとにデザインが少しずつ異なっていて、桃山時代の華やかで多彩な工芸の影響が感じられます。

　大広間の釘隠は、秀忠・家光の寛永時代のもので、黒書院の釘隠は、それよりも前の家康の慶長時代のものであるかもしれません。

黒書院の長押の花熨斗型釘隠

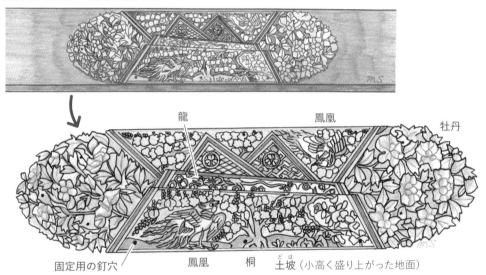

龍　　　　　　　鳳凰　　　　　　牡丹

固定用の釘穴　　鳳凰　　桐　　土坡（小高く盛り上がった地面）

　熨斗の二つの耳（角の三角部分）には、「三葉葵紋」、折り返し部分には「桐鳳凰」が印されています。「鳳凰は桐の木に巣を作り繁栄する」といわれており、牡丹の花と桐や鳳凰には、徳川家の永遠なる繁栄や安泰を祈る気持ちがこめられています。

※ 実物は金属なので、色はついていません。

花熨斗ができるまで

　「百花の王」「富貴の象徴」とされる牡丹の花の束を熨斗紙で包みます。

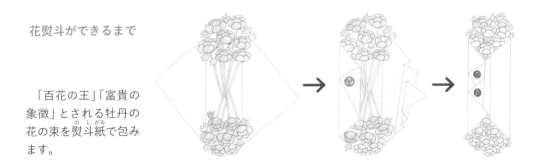

第 3 章

二の丸庭園

徳川将軍家の繁栄を願う庭

　二の丸庭園は、書院造の御殿の中から眺めるための庭です。庭の中央には、大きな池が広がり、西北隅の滝から水が流れこんでいます。

　池には島が３つあります。中心の大きな島は、仙人がすみ、不老不死の霊薬があるという蓬莱島です。蓬莱島のすぐ北に亀島、南に鶴島があり、「中国の長寿を願う神仙蓬莱の思想」に、「日本古来の永寿の象徴・鶴と亀」が結びついて、不老長寿を願う「鶴亀蓬莱の庭」になっています。

　つまりこの庭は、「戦国の世を生き抜いて、自らの力で征夷大将軍となった徳川家が、未来永劫に栄えるように」と祈る気持ちをあらわした庭です。

大石橋

鶴島

屏風岩

舟石

池の東南の風景

　二の丸御殿の内部を見学して、次に二の丸庭園に移動すると、池の東南の水辺につきます。

　水辺の近くには、蓬莱島に不老不死の霊薬をとりにいく舟石が浮かんでいます。この舟は、まだ荷物を積んでいないので、海面より高く浮かんでいます。

　右手奥には鶴島、反対の左手奥には大石橋がみえます。大きく育った樹木のむこうは、本丸です。

　屏風の形をした屏風岩は、行幸御殿のあった南の方を向いています。

1 三方よしの庭

　二の丸庭園は、黒書院や大広間からみた武家風の庭、そして行幸御殿や御亭（168頁）からみた公家風の庭の「三方よしの庭」です。

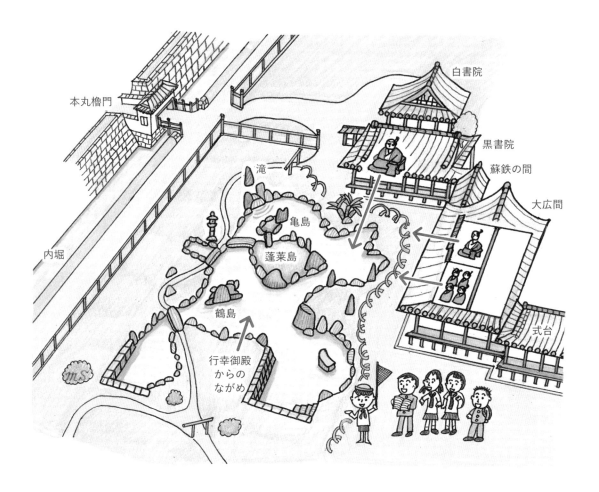

本丸櫓門

白書院

黒書院

蘇鉄の間

大広間

滝

亀島

蓬莱島

内堀

鶴島

行幸御殿
からの
ながめ

式台

　池の中心に蓬莱島をおいて、いずれの御殿から見ても、池の対岸がむき出しにならないように工夫されています。

　また、蓬莱島には背後から石橋が一本かかっていますが、三方正面のいずれからも蓬莱島に橋はかかっておらず、御殿側から神聖な島に渡ることはできません。

不老長寿を願う「鶴亀蓬莱の庭」

　池の中央にある蓬莱島は亀の形をして、松がうえられています。

　蓬莱島の三尊石は、三体の仏様の姿を三つの石であらわしたものです。今にも飛びたたんとする鶴の姿をあらわしている鶴石も、三尊をあらわす石組みになっています。

　4つの橋は、すべて、紀州（和歌山）の青石（緑泥岩）で、雨にぬれると青みがまします。

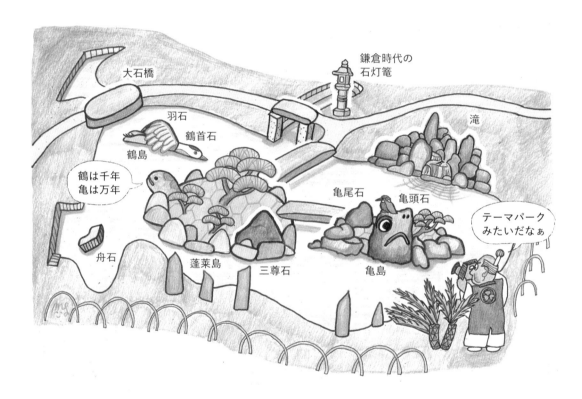

　岸辺は、非常に硬いチャート（堆積岩）で護岸され、岸辺の土がくずれないように、日本古来の野芝がうえられています。野芝は寒くなると枯れて、少し紅く色づきます。

　運がよければ、カワセミやセキレイなどの野鳥が、庭で遊ぶ姿もみることができます。

2　八陣の庭

　二の丸庭園は、「八陣の庭」ともよばれます。八陣とは中国から伝わった兵法で、戦いの際に大将を真中において、その周りに八つの陣営を配置する陣構のことです。

　大将が陣どる蓬莱島の前方に、左から風陣、鳥陣（先鋒）、地陣の３つの陣をおいて前方のまもりをかためています。池の東側（左）の出島を竜陣、西側（右）の石橋付近を虎陣として、竜虎で大将を側面からまもっています。大将の後ろには、左から雲陣、蛇陣（後陣）、天陣をおいて後方から援護しています。

　各陣には、将軍家の庭にふさわしく豪壮な石を立てて、南の方角から攻めてくる敵の大軍にそなえています。

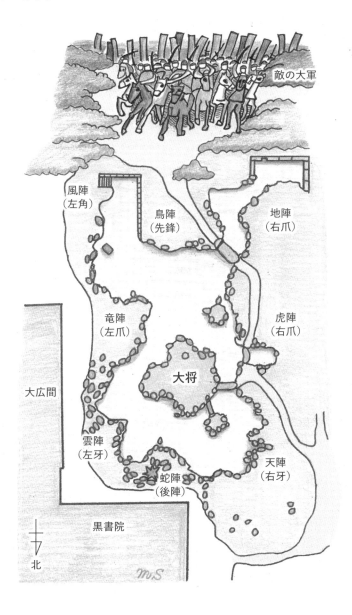

敵の大軍

風陣
（左角）

鳥陣
（先鋒）

地陣
（右爪）

竜陣
（左爪）

虎陣
（右爪）

大将

大広間

雲陣
（左牙）

蛇陣
（後陣）

天陣
（右牙）

黒書院

北

　大正・昭和時代の有名な作庭家・重森三玲によると、この庭がいつから「八陣の庭」とよばれているのかはわからないが、武将として全国を統制する徳川家にふさわしい庭として「八陣の庭」ともよばれたのであろうということです。

　絵は、黒書院から南の方角（絵の上方が南）をみた八陣の庭です。蓬莱島を大将の本陣として、周りに八つの陣を配置しています。

　小堀遠州は、池を改修する際に、南半分の石を南側に向け直しましたが、行幸御殿をまもるために、八陣の戦法そのものを、南に向けた石で表現したといえるかもしれません。

3　滝の水はどこから来るのか

　江戸時代、滝の水は賀茂川の上流から引いていましたが、今は、内堀の水をポンプでくみ上げて滝の上から流しています。

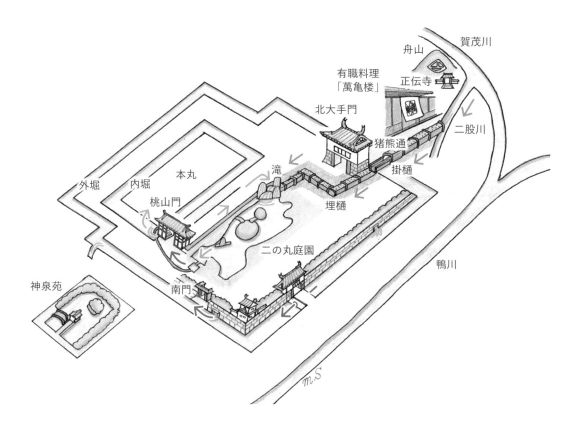

　賀茂川の支流、二股川（ふたまたがわ）は、西加茂の正伝寺（しょうでんじ）の東側を流れていました。
　二股川の水を地中に埋めた専用の埋樋（うずみひ）（全長約2300m）で、猪熊通の町筋を北大手門の前まで引いてきて、門の橋の下を掛樋（かけひ）で渡して、城内に引き入れました。
　城内では、北大手門と二の丸中心部との高低差1.3mを利用して、幅55cm、高さ30cmの箱型木製の埋樋で水を引いて、池の西北から滝水として流しました。西賀茂の辺りから流れてきた水は、高低差だけで流れていたので、江戸時代の中頃には途絶えがちでした。
　1897（明治30）年には、池を乾かして、池底に砂利を敷いて枯池に模様がえしました。
　1964（昭和39）年からは、桃山門の中に設置したポンプで内堀の水をくみ上げて、滝の上から流しています。
　池の水は内堀にもどされ、外堀の水は下水に流されています。

新旧の滝

現在の滝口は、左に大きな不動石が一石、右に童子石が二石たっています。滝の水は、水受石に勢いよく落ちて飛びはね、まわりに水音を響かせています。

滝を構成する石の多くは、加工しやすい花崗岩です。滝組の頂点にたつ尖った石の表面をよくみると、ノミでけずった跡があります。

遠州は、滝の正面が後水尾天皇の行幸御殿に向くように、三段の滝をつくりました。しかしその後、滝は二段の滝となり、その正面が大広間の上段の間に向くように作りかえられました。

童子石

不動石

昔の滝　　　　水受石　　今の滝

※ 絵の中央左にみえる灰色の人工物は、
　　滝から水を流すための水道関係の器具です。

コラム 「家光がかいた
かわいい鳳凰の絵」

　将軍は、武家の棟梁として武芸に励む一方、書や絵画・茶などもたしなみました。
　家光は絵を探幽に、茶を遠州にならいました。

参考：鳳凰図（徳川記念財団所蔵）

4 二の丸庭園の冬景色

　薦で巻かれた蘇鉄（146頁）は、二条城の冬の風物詩です。日本からはるかに遠い南国の植物である蘇鉄は、江戸時代には大変珍しく、富と力の象徴として時の権力者に好まれました。

　　京都において蘇鉄が植えられていた江戸時代の庭は、二条城のほかには、仙洞御所や桂離宮と西本願寺など限られた庭だけです。

歴代将軍の庭

1 初代将軍・家康の頃の庭

　家康の頃には、すでに現在の場所に、池を中心とした庭がつくられ、まわりには松や落葉樹などが植えられていたようです。

　現在の白書院は、上段の間と下段の間が南北方向に配置されていますが、家康の白書院は、東西方向に配置されていたので、上段の間から左手（北側）に庭をながめることができました。

　二条城がたてられた1603年に、家康と秀忠が白書院で対面している記録があります（『言経卿記』、公家・山科言経の日記）。

　庭は、二の丸（当時は本丸）御殿の西側から北側にかけてありました。
　水鳥が遊ぶ池には、築山から滝が勢いよく流れこんでいます。池には点々と島がうかび、御殿側から向こう岸に石橋がかかっています。
　柿葺屋根の三つの建物は、手前から広間（大広間）、御書院（黒書院）、御座の間（白書院）です。

参考：洛中洛外図屏風・勝興寺本

2 2代将軍・秀忠、3代将軍・家光の頃の庭（寛永行幸時の庭）

　後水尾天皇の行幸（1626年）にそなえて、小堀遠州が池の南に行幸御殿、東に御次の間（おつぎ）、西に長局（ながつぼね）をたてました。

　御次の間は行幸に随行してきた従者用、長局は女官用の建物です。

　庭は周囲を建物で囲まれて、中庭的な庭園になりました。

行幸御殿からみた庭

　遠州は、後水尾天皇が行幸御殿から庭をながめた時のことを考えて、行幸御殿からみえる石の正面を南側に向けなおしました。その結果、庭の南半分は、武家好みの立石ではなく、公家風の丸みをおびた石の庭になりました。

　遠州は、さらに寝殿造（しんでんづくり）の貴族の庭らしくなるように、後水尾天皇に釣殿（つりどの）（御亭（おちん））も用意しました。釣殿には行幸御殿から廊下伝いに行くことができました。

　行幸御殿と黒書院は、その間にある蓬莱島が「ついたて」となって、お互いを見通すことはできませんでした。

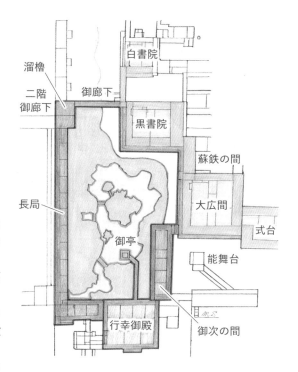

大広間 上段の間（一の間）の付書院からのながめ

　書院造の庭の基本は、座敷から見る「座観の庭」です。上段の間にすわった将軍の右手には、色彩豊かな石組の庭が、豪壮な御殿と向きあっています。

　　探幽に絵を習っていた家光は、来客のない時は庭にいやされながら、付書院を机にして絵をかいていたかもしれません（165頁）。

※ 絵中の滝は、今と同じように大広間の方を向いています。

大広間からみえる覇者の庭

　二の丸庭園は、西国の大名たちから献上された名石をふんだんに使った「覇者の庭」です。
　庭には、天にむけて鋭く尖がった立石が目立ちますが、立石の多くは「紀州の青石」です。
　後水尾天皇の行幸に際して、外様大名の鍋島藩（佐賀藩）から蘇鉄が1本、二条城に献上されました。当時としては珍しい蘇鉄は、九州まで支配する徳川家の力を象徴するものでした。

　大広間からは、庭越しに本丸の東南隅櫓、そして、はるかかなた（250m先）に、高くそびえる天守がみえます。櫓や天守は、庭の空間を引きしめると同時に、この庭が「お城の庭」であることを示していました。
　下段の間にすわった大名たちは、庭からも将軍の威光をみせつけられました。

3 8代将軍・吉宗の頃の庭

　二の丸庭園は、1716〜1730年頃に、池の東南の隅の部分（絵の左下部分）が改修されて、ほぼ現在の形になりました。当時、享保の改革を行ない、「江戸幕府中興の祖」といわれた吉宗（在職：1716‐1745）（テレビ番組「暴れん坊将軍」のモデル）が上洛するという噂が2回（1724、1733年）流れました。

　享保の改革は、生活必需品ではない贅沢品や高級品の売買を抑制して、質素な生活をおしすすめる政策でした。そのため、呉服や京人形、京菓子など高級な手工業製品を大量に作り出していた京都の産業界は大打撃をうけて、京都は深刻な不景気になっていました。吉宗は「上洛をきっかけに、京都の景気を盛りあげよう」と考えたようです。実際には吉宗の上洛はありませんでしたが、庭は吉宗の来城にそなえて改修されたのかもしれません。

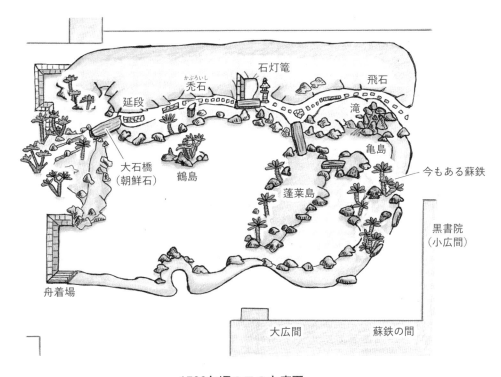

1730年頃の二の丸庭園

　1730年、京都所司代の牧野英成が二の丸庭園を調査した時、蘇鉄は池の周りや蓬莱島、鶴島に15本ありました。中には、高さが3.6m（1丈2尺）もある大きな蘇鉄もありました。

　寛永行幸時（1626年）、4つの橋は木橋でしたが、100年後のこの時は石橋になっています。滝は、まだ三段の滝のようです。池の西側の行路には、延段（帯状の敷石）や飛石もうたれて、池の周りを回遊できる庭であることがわかります。

　行幸時は、行幸御殿から池の中に廊下がのびて、御亭がたっていました。しかし、行幸が終わると建物は移築され、その跡地まで池が拡張されました。

　池の東南隅（絵の左下部分）には舟着場が作られて、舟遊びもできる庭になりました。しかし、現在、舟着場の近くにある舟石は、まだありません。

4 最後の将軍・慶喜の頃の庭

　1634年に３代将軍・家光が上洛したあと、1863年に14代将軍・家茂（いえもち）が上洛するまでの229年間、二条城へ将軍の入城はなく、二条城は荒れはてて、狐（きつね）のすみかとなっていました。
　家茂が亡くなった後の1867年、慶喜が15代将軍（最後の将軍）になりました。
　慶喜は、1841年に日本へ入ってきたカメラに関心をもち、自らが撮影したか、あるいは誰かに撮影させた二条城の御殿や庭などの写真が13葉ほど残されています。

「枯山水」の時代もあった二の丸庭園（1867年頃）

　池は枯れ、池底には雑草がおいしげり、枯山水の庭状態です。石橋の向こうには、今もある石灯篭が、ポツンと立っています。
　現在ほど樹木がおいしげっていなかったので、築地塀（ついじべい）の向こうには、かつては東南隅櫓（1788年の天明の大火で焼失）がたっていた本丸の石垣がみえています。

参考：『二条城―黒書院障壁画と幕末の古写真―』

第 4 章

城郭としての二条城

城郭としての二条城の工夫

1　二条城の守り

　家康が創建した二条城の東大手門と北大手門は、豪壮な櫓門ですが、敵に突破されると、比較的簡単に二の丸（当時は本丸）に侵入されてしまいます。

　しかし20年後に秀忠、家光が築いた本丸と二の丸の西エリアには、敵の攻撃に対して様々な守りの工夫がこらされています。

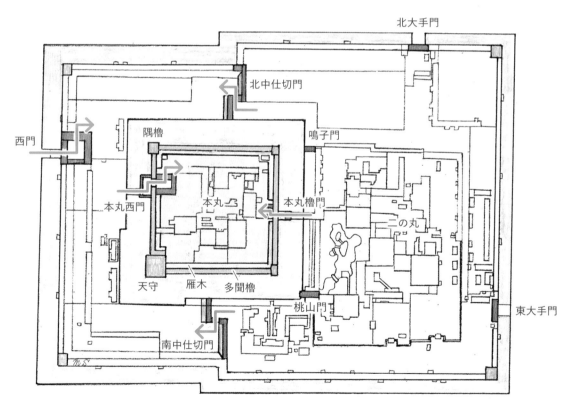

参考：二条御城中絵図（1843年作成、京都大学附属図書館所蔵）

（1）西方面からの攻撃に対して

　外堀の３つの門のうち、西門だけは埋門で、防火性に優れ、江戸時代には日常的に使用された通用門です（202頁）。

　西国からの敵には、西門の前の木橋をおとして門をまもります。それでも侵入してきた敵には、内側の枡形虎口で横矢（側面攻撃）をかけます。さらに万一、西門を突破されても、二の丸よりも３ｍ高い盛土の上にある本丸は、様々な防御機構でまもられています。

　本丸の西側の石垣は、南北の両隅で張り出して、南には五重の天守、北には三重の櫓がそびえています。本丸の西門（西虎口）は、外枡形と内枡形をもつため、敵は２つの枡形内で計４回、直角に曲がらないと、本丸に侵入できません。

　枡形内でウロウロしている敵は、天守や櫓から横矢をかけられてしまいます（212頁）。

絶体絶命
なんとか西門に侵入できても、枡形に入れば、周囲からねらわれてしまいます。

（2）東方面からの攻撃に対して

　東側には東大手門しかなく、二の丸御殿は比較的簡単に侵入されてしまいますが、本丸の櫓門に到達するためには、北の鳴子門か、または南の桃山門を突破する必要があります。

　もし敵が内枡形をもつ本丸櫓門に侵入しても、枡形の周囲からねらわれてしまいます（209頁）。また、敵が二の丸の西エリアに侵入するためには、本丸に背を向けながら、北と南にある中仕切り門を突破する必要があります。この時、敵は本丸の四周をぐるりと囲む多聞櫓からねらわれてしまいます（201頁）。

コラム 「最も古い京都案内書「京童」で紹介された二条城」

　京童は、1658年に出版された京都の最も古いガイドブック（中川喜雲執筆、吉田半兵衛画）です。

　京童には、「二条の城」は「弓は袋にいれ。剣は箱におさまる御代なれば。てんしゆのしゃちほこも。いよいよひれあり。堀のどうがめ（スッポン）もなを萬歳をつげ。国土安穏（こくどあんのん）にして五つのたなつもの（五穀：米、麦、粟（あわ）、黍（きび）、豆）ますますみのれば。民も畔（あぜ）をゆづりあひ。まことに武運長久天下泰平この時也。かかる折からにこそ発句もざれ歌ものどけさやかんこの苔も髭矢倉　なれみてもめでたくなりぬ城郭の堀のどう亀（スッポン）いく代へぬらん」と紹介されています。

現代語訳：弓は袋に入れ、剣は箱に収まる御治世（ごちせい）（よく治まった世の中）なので、天守のしゃちほこもますますひれを伸ばしている。堀のスッポンもまた万歳を唱え、国土も平和で五穀もますます実るので、人々も畔を譲り合い（国が豊かな様子）、本当に武運長久、天下泰平の世の中である。

このような時であるから、発句（ほっく）も戯れ（たわむ）の歌も

のどかなことだなあ　諫鼓（かんこ）にも苔が生え、髭のように伸びて櫓のようだ

見慣れるにつけてもめでたく感じられる、お城の堀のスッポンはどれだけの時を重ねているのだろう

※「諫鼓」とは、昔、中国で王様が国民に「政治に不満があれば、この太鼓を鳴らしなさい。自らが訴えやいさめを聞くであろう」と言いましたが、世情が安定していたので、太鼓は一度も鳴らされず、苔が生え、鶏がすみついて、卵をうむほどであったという「いさめの太鼓」のことです。

　北大手門は二層の櫓門ですが、東大手門は単層の薬医門です。

　二の丸御殿のむこうの本丸には五重の天守がみえます。

※ 原画は白黒です

にでうのしろ

「京童」（この頁）と「出来斎京土産」（189頁）の古文の現代語訳は、東山中学・高等学校（京都市）の澤田寛成先生、小池佑一先生にご協力をいただきました。

天　守

1　望楼型天守と層塔型天守

　室町時代、櫓の上に小さな物見台をのせた小型の天守はありましたが、大きな天守は、信長の安土城の七重の天守（天主）がはじめてでした。

　初期の天守は、入母屋造の大屋根の上に、小さな望楼（物見櫓）をのせた望楼型天守でした。江戸時代に城をきずく技術が進歩して、効率良くたてることのできる層塔型天守があらわれました。

　なお天守の多くは、「四＝死」を連想させる四重は避けて、三重や五重の天守でたてられています。

信長の安土城 ～ 徳川の大坂城まで

　安土桃山時代から江戸時代初期にかけて、近畿には、信長の安土城（1576年）にはじまり、交通の便がよくて軍事上重要な場所に、天下人の城が多数たてられました。たてられた城は秀吉の伏見（指月山・1592年、木幡山・1596年）、淀古城（1589年）、大坂（1583年）、家康の伏見城（1602年）、二条城（1603年）、秀忠の淀城（城主：松平定綱 1623年）、大坂城（1626年）などです。

望楼型天守 (ぼうろうがたてんしゅ)	層塔型天守 (そうとうがたてんしゅ)
望楼	
入母屋造の大屋根の上に、望楼（物見櫓）をのせた天守です。 　天守を軒下からみあげると、軒の線がジグザグの折線になっています。	上に行くにつれて、一定の割合で床面積が小さくなるので、五重塔のようにすっきりとした外観です。天守を軒下からみあげると、軒の線は一直線になっています。 　五重塔の床は一階だけにあり、中は吹きぬけになっていますが、天守では各階に床があります。
二条城の慶長度天守 （家康の時代）	二条城の寛永度天守 （秀忠・家光の時代）
舟木本（41頁）、勝興寺本（右頁）、池田本（右頁）など江戸時代前期の洛中洛外図屏風にかかれた二条城	堺市博本（76頁）、歴博Ｆ本（60頁）などの洛中洛外図屏風にかかれた二条城

※ 織豊系城郭とは…信長や秀吉は、地面の上ではなく、石垣の上に城をたて、出入口（虎口）に防御上の工夫をこらしました。そのため、２人の城のタイプは、その名前にちなんで織豊系城郭とよばれます。
　徳川幕府は、二条城や江戸城など幕府の城の普請（土木工事）を全国の大名に分担させた（天下普請、御手伝普請）ので、織豊系城郭が全国に広がり、城づくりの手本となりました。
　関ヶ原の戦い（1600年）の後、大坂冬の陣（1615年）で豊臣家が滅ぶまでの間、徳川家と豊臣家との間に、いつ戦争が起きるかわからない状況であったため、全国の大名は、万一の戦争に備えて城づくりにはげみました。
　1609年には「全国で25の天守がたった」と記録されるほど、慶長期（1596～1615年）は築城ブームでしたが、1615年の徳川幕府による「一国一城令」によって、大名が住む城以外はすべて取りこわしになりました。
　明治時代の版籍奉還時（1869年）、一万石以上の藩は全国に287藩あり、260の城がたっていましたが、４年後、廃城令がだされて、城の数は43に減りました。

家康の慶長度天守

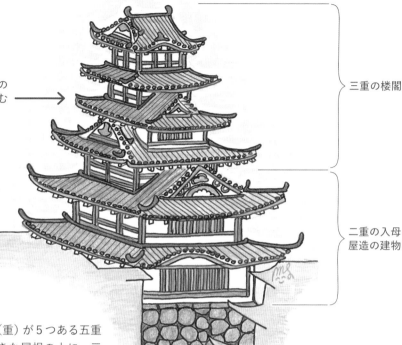

この屋根は、実は4階の部屋に明かりをとりこむための出窓の屋根です →

三重の楼閣

二重の入母屋造の建物

池田本の天守（28頁）

　家康の天守は、屋根の数（重）が5つある五重の天守です。入母屋造の大きな屋根の上に、三重の楼閣が、下の屋根と直交してのっています。

　絵では、上から2番目の屋根の裏から突きでた出窓の屋根が大きくかかれているため、六重の天守のようにみえています。

参考：洛中洛外図屏風・池田本（岡山県・林原美術館所蔵）

勝興寺本の天守

　二重の大きな入母屋造の屋根の上に、三重の楼閣がのって、最上階には高欄がめぐらされた望楼型の天守です。

　ただ層塔型天守のように、各層の床面積が、少しずつ減少しているようにかかれています。

参考：洛中洛外図屏風・勝興寺本（富山県・勝興寺所蔵）

徳川幕府の伏見城の天守（望楼型天守）

　二条城に移築される前の伏見城の
天守です。同じ勝興寺本の二条城
の天守（前頁の下の絵）と似ています
が、高欄はめぐらされていません。

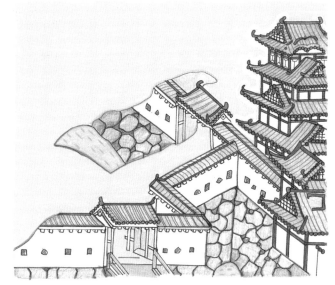

寛永度天守（南立面）の断面図

　天守をたてた大工頭の中井家に伝
わる設計図です。
　寛永度天守は、穴蔵（地下室、倉庫）
をもつ五重の天守で、高さは26mあ
りました。
　層塔型の天守なので断面図でみる
と、床面積が上の階に行くにつれ
て、一定の割合で小さくなっている
様子がよくわかります。
　三角形の破風を千鳥破
風、弓形の丸い破風を唐破
風といいます。二羽の鳥が
翼を並べた形の破風は比翼
千鳥破風とよばれます。

後水尾天皇ごー家

千鳥破風

比翼千鳥破風

唐破風

石狭間
（鉄砲狭間）

穴蔵（地下室）

2　天守の移築

二条城の天守移築の歴史

　家康は二条城をたてる時、秀吉の弟・豊臣秀長がかつて城主であった大和郡山城（奈良県）の天守（五重の天守で、高さ18m）を二条城にもってきました（慶長度天守）。

　その後、秀忠・家光は寛永行幸に備えて、二条城の本丸の天守として、廃城になった伏見城の天守を移しました（寛永度天守）。二条城で不要になった慶長度天守は、今度は淀城に移されました。

　天守の移築は珍しくありませんが、二度も移築された天守は他にありません。

　豊臣家とゆかりの深い城の天守を徳川幕府の城に移すことは、「豊臣の時代は終わり、徳川の時代になった」ことを天下にわかりやすくアピールする行為でした。

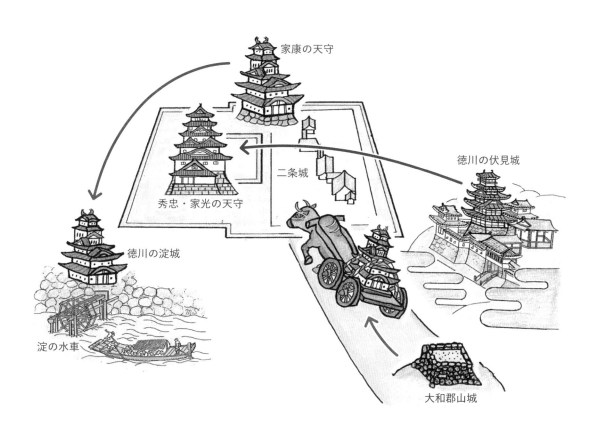

「二条城の天守を移築した淀城」

　京都盆地の南の端にある淀は、琵琶湖からの宇治川、京都北部からの桂川、京都南部からの木津川の3つの川の合流地点で、京都、大坂、奈良への交通の要所でした。3つの川がぶつかって、水が淀んでいるので「淀」とよばれました。

　秀忠が松平定綱（家康の甥）に、廃城にした伏見城の代わりに、京都をまもるための城として築城（1623年）を命じました。

　淀城の天守は、特徴的な形をしています。はじめの計画では、伏見城の大きい天守を移す予定で、広い天守台を築きました。しかしその後、伏見城の天守は二条城へ移すことになったので、代わりに、一回り小さい二条城の家康時代の天守を淀城に移すことになりました。そのため、天守の一階部分の周囲に空き地ができたので、姫路城から小型の二重櫓を4つもってきて四隅にたてて、その間を多聞櫓でつなぎました。

　この天守は、1756年、落雷によって焼失しました。

　本丸と二の丸以外の建物は、幕末の鳥羽・伏見の戦い（1868年）の際に、旧幕府軍に火をつけられて燃えました。明治時代に、残った建物もすべて撤去され、今は城の跡地内を京阪電車が走り、跡地の一部は京都競馬場になっています。

　なお、秀吉の淀城（淀古城）は、この城の北東1kmの位置にありました。

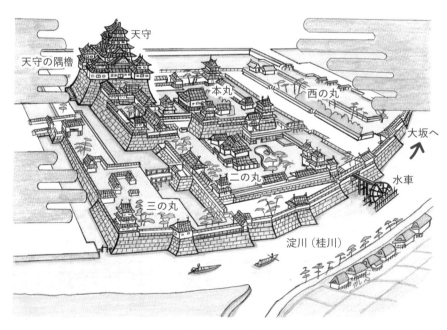

　絵は上が南です。二条城からの天守（青色の屋根）の周りに姫路城からの4つの隅櫓（姫路櫓：黄緑色の屋根）が石垣から張り出した状態（懸造）でたち、多聞櫓（桃色の屋根）が隅櫓の間をつないでいます。

　本丸御殿は秀忠、家光が来城した際の宿舎で、城主は二の丸御殿に住みました。淀川では、有名な「淀の水車」がクルクルと回って、輪のまわりの桶で川の水を城内に送りこんでいます。

3 ツインタワーがそびえたつ二条城

　家康の天守と秀忠・家光の天守の二つの天守が、二条城内に同時にあったかどうかは不明ですが、二つの天守が並び立つ光景をかいた洛中洛外図屏風もあります。

二条城内に天守が二つかかれた洛中洛外図
参考：洛中洛外図屏風・高津本（九州国立博物館所蔵）

4 天守焼亡、本丸焼失

　二条通の真正面にたてられた天守は、天守台（14m）と天守（26m）を合わせて40mの高さがあり、どこからでもみえる二条城のランドマークでした。

　しかし1750年の夏のある日、天守に雷がおちて、天守は燃えてしまいました。この時、城内で燃えたのは天守だけでした。

　天守焼亡から38年後の1788年、鴨川の団栗橋（四条大橋から一つ南の橋）付近の町家の火事が飛び火して、京都は二昼夜、燃え続けました。これを「天明の大火（団栗焼け）」とよび、京都市街の8割以上が燃えました。

　この大火で、二条城の本丸では、各御殿、御台所、西門、4つの隅櫓、多聞櫓などが燃え、本丸に残ったのは、櫓門と本丸周囲と天守台の石垣だけでした。

　二の丸でも西門、北東と北西の隅櫓、太鼓櫓、東組番衆小屋、西組番衆小屋の三分の一などが燃えましたが、二の丸御殿は無事でした。城外でも所司代や町奉行の屋敷などが燃えました。

　1830年には、文政京都地震がおこり、天明の大火の時、かろうじて焼け残っていた二の丸・西エリアの西組番衆小屋や塀、石垣などが倒壊しました。

落雷
（1750年）

天明の大火
（1788年）

本丸

二の丸

文政京都地震
（1830年）

天明の大火の後の江戸時代の二条城

　家光の三度目の上洛（1634年）の後、城主不在の二条城をまもっていたのは二条在番で、城の警護、修理、米や鉄砲などを管理していました。

　二条在番は、大番頭2人、組頭8人、番衆100人からなり、江戸から1年交代で上洛して、東組と西組の二組に分かれて、二の丸の北エリアと西エリアの番衆小屋に住んでいました。番衆小屋は長屋形式の住居でした。

　天明の大火で、第119代・光格天皇の宝永度内裏が燃えたため、徳川幕府（11代・家斉）は、直ちに内裏（寛政度内裏）を新造しました。しかし、城主不在であった二条城の本丸御殿や天守は再建されませんでした。その結果、二条城には、家康がはじめにたてた二の丸御殿（黄色）だけが残りました。

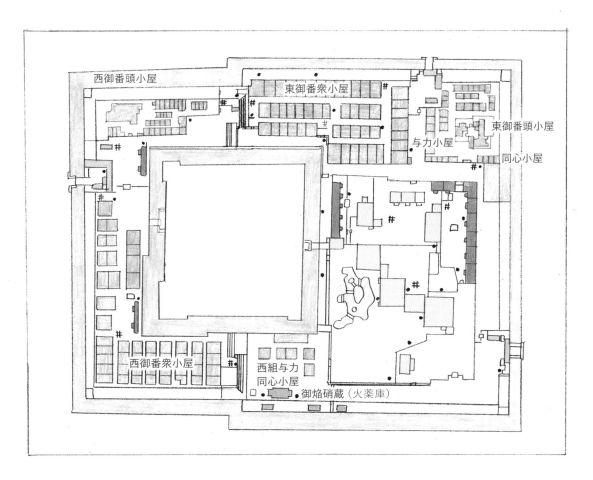

　本丸には櫓門しか建物がなく、150m四方のまったくの空き地でした。一方、二の丸には、二条在番や与力・同心たちの宿舎がぎっしりとたっていました。与力や同心は京都在住の下級役人で、与力は馬に乗ることができ、同心はその部下です。

　西組与力同心小屋のエリアには、御焔硝蔵（火薬庫）がありました。赤は米蔵、黄緑は番所、丸点は御水溜（防火水槽）、井は井戸です。

参考：二條御城内之図（宮内庁書陵部所蔵）

185

5 もし今も、天守がたっていたら…

　寛永度天守は、将軍家の城にふさわしい堂々とした五重の天守でした。江戸時代にもし、避雷針があったら、今も天守がたっていたかもしれません。

　左は現在の天守跡、下は想像上の天守です。
　屋根は瓦型の銅板がふかれていたようです。
　後水尾天皇が天守に登られた時、天守内部は極彩色の金碧障壁画（きんぺきしょうへきが）でかざられていました（「金城温古録（きんじょうおんころく）」）。

6 天守台の銃眼（石狭間）

　天守台の石には、落雷による火災の熱で黒く焼かれた跡が残っている石もありますが、その後に積みかえられた石もあります。

　天守台最上段の石をよくみれば、ところどころ、石が扇状に切りこまれてできた銃眼（石狭間）がみられます。銃眼は、北の石垣に２ヶ所、東、西、南の石垣に各５ヶ所、残っています。

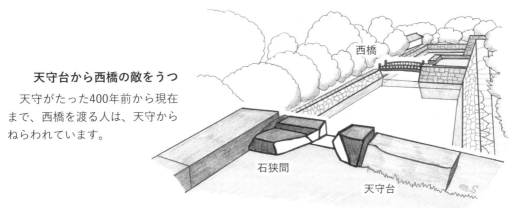

天守台から西橋の敵をうつ

　天守がたった400年前から現在まで、西橋を渡る人は、天守からねらわれています。

穴蔵一階の銃眼

　寛永度天守は五重の天守でしたが、地下に穴蔵があったので、内部の床（階）は６つありました（180頁）。現在、天守台の上面は土で満たされていますが、かつては穴蔵の床が石垣の上端よりも低い位置にあり、兵士は穴蔵の中で鉄砲をかまえました。

　橋や虎口に対して、城内からみて左側を突出させた位置を「左袖」とよびます。天守の石垣は内堀に約６ｍ突出しているので、天守は西橋に対して左袖の位置にあり、戦いに有利でした。

　「鎧の袖」は肩と腕を守る防具で、肩をひねれば小さな楯にもなります。敵に弓矢をいかける時は、体の左肩（左袖）を前にだし、胸部を後ろにひいた体勢になります。

　天守は左袖の位置にあるので、目の前の西橋を左から右に進んでいく敵兵に対して、城兵は自分の体の前面をさらけだす危険がへり、常に安定した姿勢で弓矢や鉄砲をうつことができます。

　逆に、西橋の敵兵が弓矢や鉄砲をうつときは、どうしても右胸が無防備に開いてしまい、城兵から狙われやすい姿勢になってしまいます。

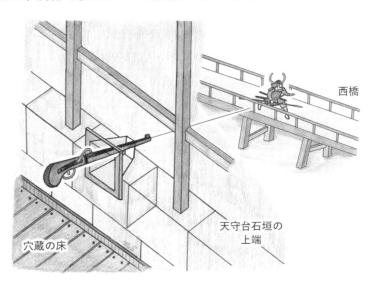

付櫓と雁木

　今、天守台の前の石段は直交した不思議な形になっています。

　左の石段をのぼると、途中に平坦な踊り場があります。かつてここには、天守の入口となる付櫓がありました。

　右の石段は雁木（十数段の石階段）です。今は、雁木をあがった土手部分には松などが植えられていますが、かつては、この上に多聞櫓がたっていました。

　敵が急に攻めてきても、すぐに多聞櫓にかけつけて応戦できるように、本丸の周囲には、ぐるりと雁木がめぐらされています。

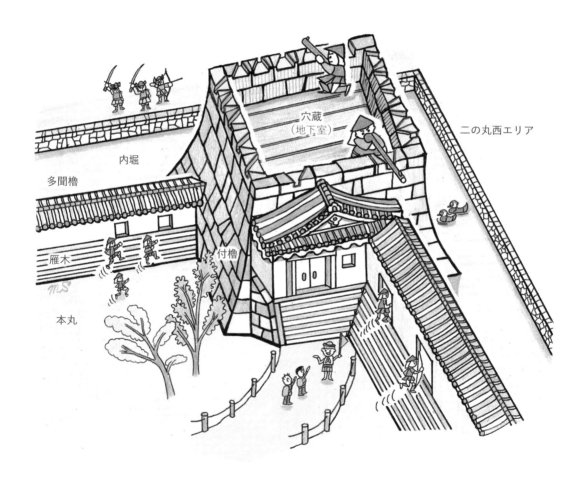

　本丸の高い石垣の上に、長屋式の多聞櫓がたっているので、敵が攻めてきても、天候に左右されずに櫓内から敵を迎えうつことができました。

※ 絵の付櫓はイメージです。

（コラム） 「出来斎京土産」

　出来斎京土産は、主人公の出来斎が狂歌をよみながら、京の名所をめぐる案内書（1677年、浅井了意・作）です。

　絵の外堀が途中で直角に曲がっているので、門は北大手門ですが、この門は、本当は二層の櫓門です。家康時代の天守の位置に、秀忠・家光が伏見城からもってきた層塔型の天守がそびえています。

　絵には不自然な描写がいくつかありますが、一枚の絵にたくさんの情報をつめこむためには、仕方のないことかもしれません。

都路のすぐなる政ごといともかしこく　久かたのあめ　あらかねの地たいらげく　うごきなきしるしとて雨風も時にしたがひ　田なつ物はたつもの年ごとにみのり　四方の海も浪しづかに　民のかまどはいつもにぎにぎしう弓は袋に　太刀は箱におさまれる御代なれば殿主の鯱はますます鰭をのばし　惣堀のどう龜も　いよいよ萬歳をとなへ　まことにめでたうおはします　出来齋房が諸國行脚も道ひろく　關の戸ささで　千里までもあまねくうるほふ御めぐみの有がたさに

　此城の久しかるべきためしには　かねてぞすめる堀のとう龜

現代語訳：都の道のように真っ直ぐで公正な政治は何とも畏れ多く、天も地も平和で、動揺することのないあかしとして、雨風も時に応じ、田畑の農作物も毎年実り、四方の海（日本全国）も波は穏やかで、民の家のかまどはいつも豊かで、弓は袋に、太刀は箱に収まっている御治世であるので、天守のしゃちほこは、ますますひれを伸ばし、堀のスッポンもますます万歳と唱え、まことにめでたくいらっしゃる。
　出来齋の諸国めぐりも、道は広く、関所の戸も閉ざされておらず、千里の先までもすべてうるおっているお上の恵みのありがたさに
　この二条城の長く続くであろう例には、ずっと住んでいる堀のスッポンがいることだ

※原画は白黒です。

（1）屋根の種類

屋根の基本的構造は、大きく3種類に分けられます。

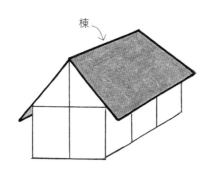

きりづまづくり
切妻造

切妻造は、最も簡単な屋根です。

一枚の紙を二つに折って、伏せたような形をしています。

妻とは端のことで、切妻とは「屋根の両端を切っている」という意味です。

東大手門から入ってすぐの番所、南門（高麗門形式）、台所の東側の米蔵の屋根は、切妻造です。

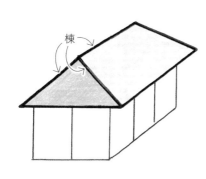

よせむねづくり
寄棟造

傾斜した四面で構成された屋根を寄棟造といいます。

屋根の山の部分を棟とよびます。

切妻造の棟は一つだけですが、寄棟造では五つの棟が寄せられています。

本丸の御常御殿の三階部分の屋根や二の丸御殿の障壁画を収納している展示・収蔵館の屋根は、寄棟造です。

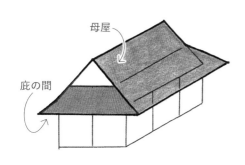

いりもやづくり
入母屋造

入母屋造は、切妻造の四方に庇屋根を付けたした形をしています。また、上部が切妻造で、下部が寄棟造の合体型の屋根ともいえます。

母屋（上屋根の下の空間）に庇の間（下屋根の下の空間）が入り込んだ形をしているので入母屋とよびます。

入母屋造は格式が最も高いとされる屋根の形で、二の丸御殿、本丸御殿、二つの隅櫓、大手門など、城内の多くの建物の屋根は、入母屋造です。

参考：『イラスト京都御所』

190

（2）屋根の葺き方

　城の屋根の葺き方には、瓦葺と檜皮葺、柿葺の３種類があります。

　中国から仏教とともに伝来した瓦葺は、安土桃山時代に、寺院の屋根以外に、城の天守
や櫓、城門などにも使われるようになりました。

　檜皮葺や柿葺は、日本古来の葺き方で、神社や皇室、公家、武家の屋敷などの屋根に用
いられました。

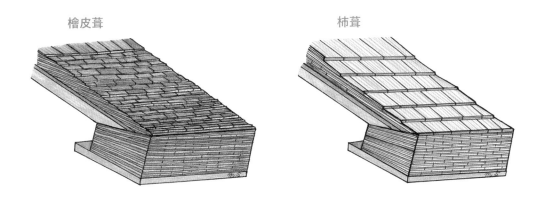

檜皮葺　　　　　　　　　　　　　　　　　　柿葺

　檜皮葺は、檜の皮を重ねてふいた屋根です。

　柿葺は、サワラやスギなど、湿気に強い木材を厚さ２、３ミリに薄くそいだ板でふいた屋根
です。例えば、桂離宮や金閣寺、銀閣寺の屋根は柿葺です。

　檜皮葺も柿葺も、少しずつ、ずらして重ねることにより、厚みのある屋根になります。

　寛永行幸（1626年）当時、遠侍の車寄は檜皮葺でしたが、それ以外の二の丸御殿（遠侍〜白
書院）の屋根はすべて柿葺で、その後、瓦屋根になりました。現在、二条城内に柿葺屋根の建
物はありません。

　なお、檜皮葺も柿葺も、20〜30年毎にふき替えが必要です。

※「柿（かき）」と「柿（こけら）」の漢字は、よく似ていますが、異なる字です。
　「柿（かき）」は、木へんに市場の市です。
　一方、「柿（こけら）」は、１本の縦棒が上から下まで真直ぐ通っている市です。

柿　柿
かき　こけら

二つの隅櫓

二条城には、かつては櫓が9つありましたが、現在残っているのは2つだけです。

1 東南隅櫓

東南隅櫓は、堀川通からみえる二階建
ての櫓で、普段は武器庫として使われて
いました。

堀川押小路の夜景

東南隅櫓の構造

出窓には石落がも
うけられています。

家臣が将軍の住
む二の丸御殿をみお
ろすことができない
ように、櫓の城内側
の壁に窓はありませ
ん。

※絵は、櫓の縦の長さ
　を1.5倍にしてかいて
　います

押小路通

堀川通

2 西南隅櫓

<ruby>西南隅櫓<rt>せいなんすみやぐら</rt></ruby>は、東南隅櫓とほぼ同じ構造ですが、少し小ぶりです。

櫓はどこからみても、同じような形と美しさを持つように、東南隅櫓には三角形の千鳥破風、西南隅櫓には弓形の唐破風がついています。

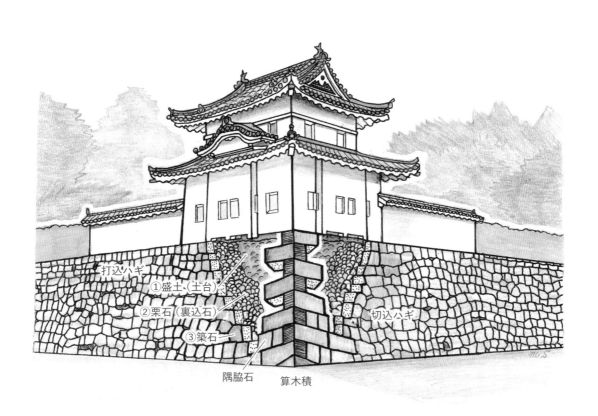

隅櫓の石垣の構造

石垣は、盛土（土台）、<ruby>栗石<rt>ぐりいし</rt></ruby>（<ruby>裏込石<rt>うらごめいし</rt></ruby>）、<ruby>築石<rt>つきいし</rt></ruby>の三層でできています。

最も崩れやすい角の部分は、「算木積」（226頁）で石を積んでいます。石は角に向かって少し持ち上げて積まれて、その<ruby>稜線<rt>りょうせん</rt></ruby>（エッジ）は、堀の水面から櫓の屋根下まで、真っすぐ一直線に伸びています。

算木積の両脇は<ruby>切込<rt>きりこみ</rt></ruby>ハギ（220頁）で、すき間なく石を積んで角の石垣を安定させています。

角から離れた石垣は、<ruby>打込<rt>うちこみ</rt></ruby>ハギ（219頁）で石を積んで、すき間に<ruby>間詰石<rt>まづめいし</rt></ruby>をつめています。

3 西南隅櫓と天守

石垣の上の多聞塀の白壁（しらかべ）を霞（かすみ）と見立てて、二条城は「霞城（かすみじょう）」ともよばれていました。

徳川幕府にとっては、東国よりも、外様大名の多い西国への備えの方が、より重要でした。
西南隅櫓は本丸の天守とともに、西国への守りを固める重要な櫓でした。

櫓は、昔は矢倉ともよばれ、物見に加えて、普段は武器庫などとして使われました。

櫓には、石垣の曲がり角にたつ隅櫓、門の上の櫓（櫓門）、長屋風の多聞櫓などがあります。

目的によっては、月を見るための月見櫓、時を知らせるための太鼓櫓などもあります。

二条城にも、北中仕切り門の北側に太鼓櫓がありましたが、天明の大火（1788年）で焼けてしまいました。

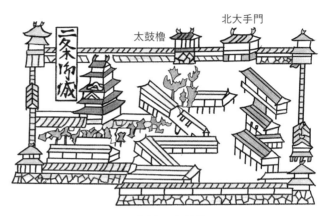

二条城の太鼓櫓

参考：新板平安城并洛外之図（京都の地図、1672年）

「後三年の役」に登場する矢倉

後三年の役は、平安時代後期（1086年）に東北地方でおきた戦いです。

櫓は、四本の高い足場に支えられた２ｍ四方程度の板床で、垣盾とよばれる板で囲まれていますが、屋根はありません。

しかしすでに、この頃の櫓には、矢狭間や石落の原型がみられます。

参考：後三年合戦絵詞（東京国立博物館所蔵）

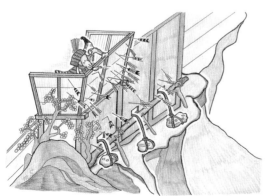

門

1 二条城の門の種類

　二条城には、屋根のない塀重門から、東大手門のような格式の高い櫓門まで、さまざまな形や大きさの門があります。

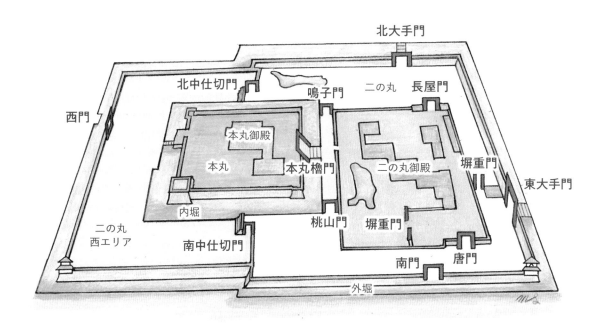

　城の表門を大手門、裏門を搦手門とよび、その中間で城内を区切るための門を中仕切門とよびます。

　桃山門は北の鳴子門と対になって、本丸櫓門への関所になっています。

二条城の門の種類

門の種類	二条城の門	
櫓門	東大手門 北大手門 本丸櫓門	櫓門は、夜間などに扉を閉めた状態でも、櫓から外を見張ることができます。
四脚門	唐門	四脚門の中でも、特に唐破風が大きく目立つ場合は、唐門とよばれます。
薬医門	鳴子門	なぜ、鳴子門とよぶのかは不明です。
高麗門	南門	京都御苑の外周の六門も高麗門です。
埋門 <small>（うずみもん）</small>	西門 北中仕切門 南中仕切門	西門（搦手門）や北中仕切門、南中仕切門は、敵が攻めてきた時に、土や石で門を埋める（うず）ことができるように、埋門になっています。
長屋門	桃山門 二の丸米蔵	長屋門は、長屋の一部を門にしたものです。 桃山門は、和子の中宮御殿の一部が残されたと考えられていますが、なぜ、桃山門とよぶのかは不明です。
塀重門		境界を区切るための柱と扉だけの門です。二の丸庭園の入口など、城内の様々な場所に立っています。

　東大手門、北大手門、本丸櫓門、鳴子門、西門、北中仕切門、南中仕切門、桃山門、二の丸米蔵の門には、潜戸（くぐりど）が付いています。

埋門

石垣の一部を切り開いて出入口とした門です

長屋門

門の両脇が一つ屋根の長屋になっています

寛永行幸の頃の二の丸御殿の周辺の門

　勝興寺本などの洛中洛外図屏風によると、二の丸御殿の周辺は、家康の頃から横筋が五本入った格式の高い築地塀と米蔵で囲まれて、南に唐門、東に台所に通じる門があいていました。

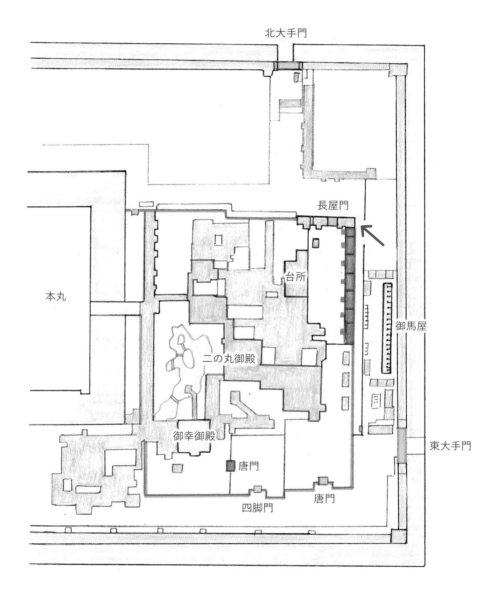

　台所の東北には、北に３つ（黄色）、南に直角に折れて７つ（オレンジ色）の計10の米蔵がたっていました。

　二の丸御殿のたつエリアには、南は唐門（黄緑色）、北は米蔵の長屋門（黄緑色）から入りました。行幸御殿の唐門（赤色）は、今、豊国神社の唐門（72頁）になっています。

　現在、障壁画の展示・収蔵館や休憩所がたっているあたりには、江戸時代は大きな馬小屋がありました。

　次頁の絵は、絵中の赤矢印の方向から見た絵です。

長屋門形式の二の丸米蔵

　二条城には、米蔵が3ヶ所あります。2ヶ所は二の丸の西エリアにある西北米蔵と西南米蔵です。もう1ヶ所は、この絵の二の丸御殿の北側にある二の丸米蔵です。

　今、二の丸米蔵と南の米蔵（現在は外観復元された米蔵）は離れていますが、江戸時代はつながっており、全体でL字型の米蔵になっていました。

　二の丸米蔵の長屋門は、帯鉄、沓巻で補強され、潜戸もついた立派な門です。江戸時代、北大手門から二の丸御殿に向かうときは、この長屋門を通りました。

北大手門

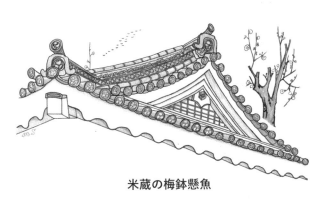

米蔵の梅鉢懸魚

　米蔵の屋根の破風についている懸魚は、シンプルな六角形の梅鉢懸魚（うめばちけぎょ）です。
　現在、二の丸米蔵には、かつて本丸の内堀にかけられていた橋廊下（54頁）の部材がおさめられています。
　江戸時代、米蔵の東側（手前）には、大きな馬小屋がありました。

2 南中仕切門

　南北の二つの中仕切門は、敵が本丸を取り囲まないように、敵の行き来を遮断するための門です。

　家光が二条城を西の方向に拡張した際にこの門をたてましたが、この門より東側が、家康時代の城のエリアになります。

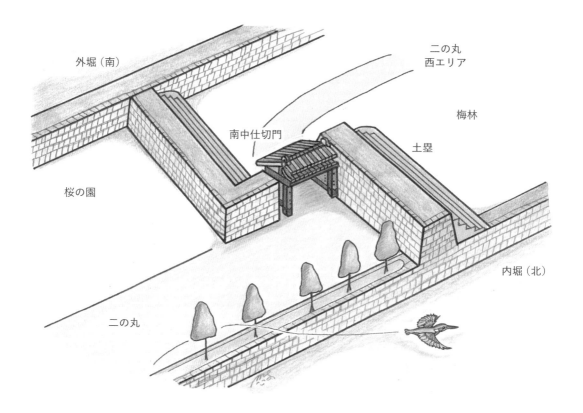

　中仕切門は、ジグザグに折り曲げた石垣の一部を切り開いた埋門です。

　門の屋根は前が短く、後ろが長いので、横から見ると、手招きをするようなへの字形で「招き造」とよばれます。門の正面には、さらに庇のような腰屋根がついています。

　現在、石垣の西側は土の斜面ですが、昔は大勢の兵士がいち早く戦闘態勢をとることができるように、長い階段状の石の雁木になっていました。

　今は、カワセミが飛ぶのどかな景色の中に、門はたっています。

南中仕切門の前における攻防

　南中仕切門の正面は本丸にむいています。

　門の正面は防備を高めるために、全面に帯金が打ちつけられていますが、門の裏面に帯金はありません。

　東から突撃してきた敵は、門に突入する時に本丸に背をむけることになります。この時、敵は門の正面、側面、本丸（背面）の三方向から、うたれてしまいます。

　もっとも、二条城は築城以来、一度も敵に攻撃されたことはありません。

多聞塀　　南中仕切門　　本丸　　内堀

3　西門

　西門は、二条城の裏門（搦手門）です。

　美福通に面した外堀には、40mの長さの白い多聞塀が残っています。多聞塀の中央にある庇屋根のついた埋門が西門です。

　江戸時代、西門は木橋のかかった通用門でしたが、今は橋もなく、ひっそりとした開かずの門になっています。

　最後の将軍・慶喜は、この門から大坂城へ退去したので、西門は二条城と将軍家との決別を見た門でもあります（公方退京　89頁）。

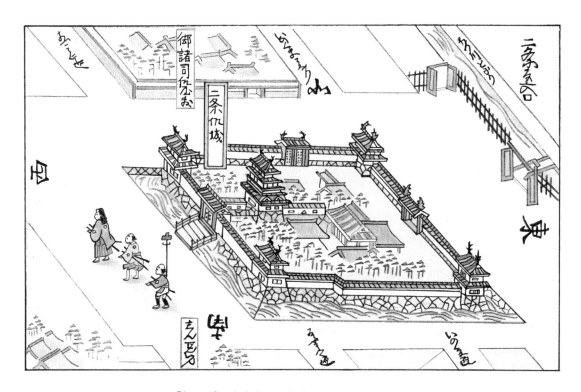

「都すずめ案内者」で紹介されている二条城

　「都すずめ案内者」は、炭屋勘兵衛が1715年に出版した京都のガイドブックです。

　二条城の東側には柵がもうけられ、堀川までが二条城のエリアでした。城の四隅には二層の櫓がたち、本丸には五重の天守がみえます。

　東大手門と北大手門は櫓門でしたが、絵では鯱のあがる薬医門になっています。三つ目の門である西門に鯱はなく、橋がかかって通用門として使われていました。橋は、西国から敵が攻めてきた時に、切り落とせるように木橋になっています。

　南北の外堀は、途中で折れまがって、現在の形になっています。

　なお、江戸時代のガイドブックには、主人、従者、奴の三人一組のグループがしばしば登場します。

　※ 原画は白黒です。

西門の石垣と西北米蔵

　本丸から西橋を渡って、二の丸エリアに戻り、右側（北側）に進むと、右手に西北米蔵（土蔵）、左手に西門の石垣が見えてきます。

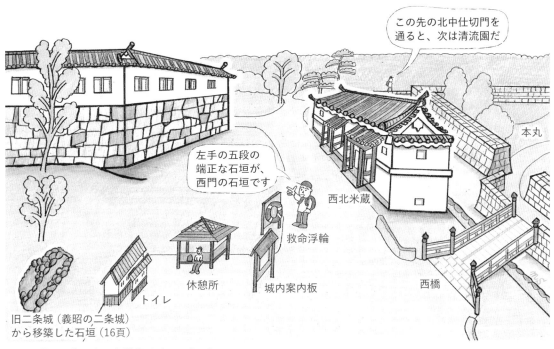

この先の北中仕切門を通ると、次は清流園だ

左手の五段の端正な石垣が、西門の石垣です

西北米蔵

救命浮輪

休憩所

城内案内板

トイレ

旧二条城（義昭の二条城）から移築した石垣（16頁）

本丸

西橋

※ 西門の石垣の上の多聞櫓はイメージです。

現在の二の丸の西側エリア

米蔵の内部構造

　西北米蔵（土蔵）は、西橋の南側にある西南米蔵と対になっています。ともに、寛永行幸の頃（1626年）にたてられました。

　建物には入り口が2ヶ所ありますが、中は1つの部屋です。

　内部の壁や床には板がはられ、天井は屋根裏がむきだしになって、湿気がこもりにくい構造になっています。

西門のかつての姿

　西門の内側は、枡形虎口になっています。

　石垣の上の長屋のような櫓を多聞櫓とよびます。戦国時代の武将・松永久秀の多聞城（奈良市）の櫓にちなんでいますが、「多聞」という名は、戦勝の神・多聞天（毘沙門天）信仰に由来していると考えられます。

　西門の櫓門や多聞櫓は、天明の大火（1788年）で燃えて、今は端正な石垣が四角く残っているだけです。

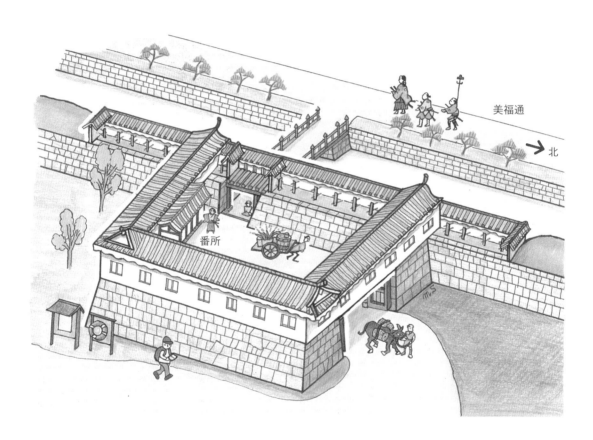

　多聞櫓の利点は、１．石垣の端までたてるので、石垣に雨がしみこみにくい、２．敵が石垣をのぼりにくい、３．櫓の外に石落を作ることができる、４．雨の中を敵が攻めてきても、雨にぬれずに応戦できるなどです。多聞櫓は平時には、武器の貯蔵庫や兵士の住居として利用されました。

　西門の橋は、敵が攻めてきた時に、切り落とせるように木橋になっています。

西門の落書き

　西門の北側面の本柱と控柱をつなぐ貫_{ぬき}には、門番が彫ったと思われる落書きが残っています。

　貫には、三葉葵の紋や鳥、狐_{きつね}、舟、そして大名行列の旗印や馬印（大名の所在を示す目印）など、さまざまな落書きが彫られています。
　遠江国豊田群草崎（静岡県磐田市草崎）という地名や文久二年という文字も彫られています。文久二年（1862）は、14代・家茂_{いえもち}が将軍として229年ぶりに上洛する前年にあたります。
　門を開けている日中、落書きは扉で隠れてみえませんでしたが、閉門後、門番がたわむれに小刀で落書きを彫ったのかもしれません。門番の中には、250km離れた遠江の国から二条城に派遣された人がいたのかもしれません。

4　本丸櫓門

　本丸には、櫓門と西門がありました。
　天明の大火（1788年）で、本丸の建物のほとんどが燃え、西門も燃えました。しかし櫓門だけは燃えなかったので、櫓門は本丸で唯一の江戸時代の建物です。

本丸櫓門の今

　　櫓門は本丸の正門で、入母屋造・瓦屋根の門です。
　　1626年の後水尾天皇の行幸にそなえて門が完成した時、門の前の橋は、珍しい二階建ての橋でした。二階の橋廊下は、門の壁を突き抜けて、本丸御殿の遠侍までかけられていました（54頁）。
　　しかし橋廊下は1687年に撤去され、門の二階の壁にあいていた通路部分は、漆喰で塗りこめられました。そのため、今、門の二階部分は白い壁になっています。

本丸櫓門の分解図

袖塀

　門の扉と柱は銅板でおおわれているので、緑錆がふいて、まだらな緑色の門に見えます。門の内側には、二階に上がるはしごがあります。また、門の背側の両側には、袖塀がたっています。
　橋は、1931（昭和6）年にかけ直された橋です。

本丸櫓門・袖塀の銃眼

　1976年の二条城修理報告書によると、本丸櫓門を修理していた時、袖塀に銃眼（鉄砲狭間）が発見されました。

銃眼
（鉄砲狭間）

本丸櫓門の銃眼

　銃眼は両側の袖塀に３個ずつあり、板で蓋をして漆喰で塗りこめられていました。蓋板には「文政五年（1822年）二月十六日　萩原」と書かれていました。
　江戸時代後期の文政の頃は、浮世絵で有名な葛飾北斎や歌川広重らが活躍した平和な時代でした。そのため、戦のための無骨な銃眼は白く塗りこめられたのかもしれません。
　現在、銃眼を隠していた漆喰は取りのぞかれているので、６つの銃眼は、塀の内側からは四角い窓のようにみえています。
　しかし、将軍家の城として威厳のある美観を保つためにも、銃眼の外側（堀側）には白漆喰が塗られて、わかりにくい隠狭間になっています。

本丸櫓門の内枡形

　橋を渡って櫓門を通りぬけると、石垣の間が通路になっています（上の絵）。この石垣の間には、かつては埋門形式の門があり、門の上には、本丸の周囲をぐるりと取り囲む多聞櫓が渡っていました（下の絵）。

　万一、敵が櫓門を突破して攻めこんできた時には、二階廊下の下の空間は、四方から攻撃できるように内枡形になっています。

　枡形を構成する石垣の石には、天明の大火で焼かれた跡が残る石や大火後の修復に用いられた石などがみられます。また石垣の一部は、家康の頃の石垣の石を転用していると考えられています（217頁）。

5 本丸・西虎口

　本丸の西虎口は、本来は本丸の西門ですが、天明の大火で燃えたため、今は石垣だけが残っています。そのおかげで、外枡形、内枡形の形がよくわかります。

　城の出入口は、「鋭い牙をもつ虎の口」にたとえて「虎口」とよばれます。敵は、虎口から城に侵入してくるので、虎口には、防御のためのさまざまな工夫がこらされています。

　本丸の西虎口は、かつて、本丸側から見て、手前に櫓門（内門）、四角形の小さな広場（外枡形）をはさんで、橋の手前に高麗門（外門）が立つ二重の門でまもられていました。

　現在の西虎口の様子から、順番に、櫓門（内門）や高麗門（外門）がたっていた頃に戻ってみてみましょう。

本丸・西虎口の現在（櫓門も高麗門もない状態）

　本丸は二の丸よりも３ｍ高い位置にあったので、本丸の高い石垣が、虎口のところで切り開かれている様子がよくわかります。

　かつては、奥に櫓門、手前に高麗門がたっていました。二つの門の扉が同時に開いても、外から城内を見通すことができないように、二つの門は、ずらしてたてられていました。

本丸の西虎口（櫓門はあるが、高麗門はない状態）

　絵の西虎口は、石垣と石垣の間に櫓を渡して、その下が門（櫓門）になっています。石垣の上に長く続く櫓は、天守と西北隅櫓をつないでいます。

三重の
西北隅櫓

本丸・西虎口の櫓門も高麗門もあったかつての姿

　二の丸の西エリアから橋を渡ると、目の前に高麗門（外門）がたっています。櫓から城外を監視する時、前面にたつ外門の屋根が大きすぎると、見通しが悪いので、外門には屋根が小ぶりの高麗門が採用されています（216頁）。

　高麗門の後ろには、石垣で囲まれた四角い外枡形があり、敵兵がこの枡形を左へ曲がると、こんどは櫓門（内門）が待ちかまえています。

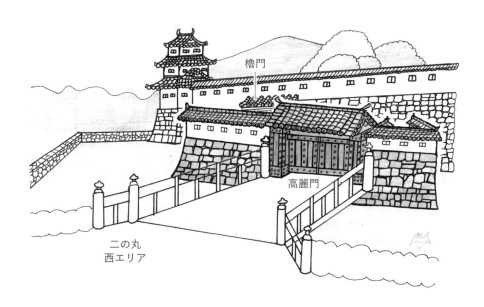

櫓門

高麗門

二の丸
西エリア

本丸・西虎口の攻防

　櫓門と高麗門をあわせて枡形門とよびます。枡形門の2つの門は、はすかいの位置にたち、敵の見通しをさまたげ、その勢いをそぎます。

　高麗門をなんとか突破した敵が、斜め前の櫓門を攻めるには、枡形の狭い空間で進路を直角に変える必要があります。しかし、大人数でなだれ込んできた兵士たちが、進路を急に変えることは、簡単ではありません。

　この時、枡形内で右往左往する敵を多聞櫓や隅櫓から攻撃します。これを「横矢をかける（敵の側面や背後から攻撃する）」といいます。

　万一、敵に櫓門を突破されても、虎口の内側も多聞塀で囲まれた内枡形になっているので、今度は多聞塀から攻撃できます。

高麗門がまだたっていた頃の西虎口 (1866年頃)

幕末の慶喜の頃には、西虎口に高麗門はまだたっていました。

絵は、天守台から西橋の方向をみています。

絵の右下に、西虎口の外門である高麗門の屋根がみえます。遠くには、京都在番の住まいである番衆小屋がみえます。

西橋から西門にいたるエリアには、材木や石材が集められ、資材置場になっていますが、大切な米蔵は板塀で保護されています。

幕末の混乱期、慶喜は本丸の仮御殿に住んでいました (83頁)。「朝廷に大政を奉還した後、二条城を去ることになる」とは、夢にも思っていなかった慶喜は、建築資材で足の踏み場もない道を西門まで進んで、城を去ったのかもしれません (89頁)。

参考：『二条城―黒書院障壁画と幕末の古写真―』

城の出入口を虎口とよびます。敵が侵入しにくいように、虎口には、枡形門や馬出など、防波堤のように二重、三重の工夫がこらされています。

馬出は「虎口の前に、土手でつくった空間」のことで、虎口から出陣する軍勢をまもり、かつ敵の攻撃力を弱めます。

虎口に馬出も枡形もなければ、敵は一直線に攻めてくる

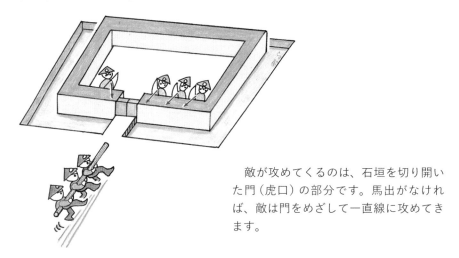

敵が攻めてくるのは、石垣を切り開いた門（虎口）の部分です。馬出がなければ、敵は門をめざして一直線に攻めてきます。

虎口に馬出や枡形があると安心

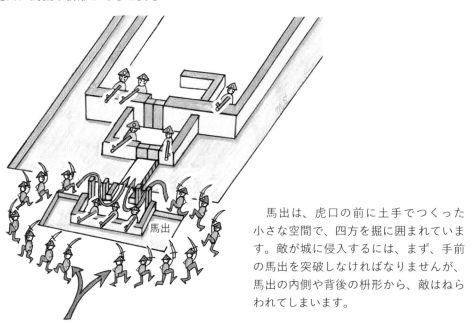

馬出

馬出は、虎口の前に土手でつくった小さな空間で、四方を掘に囲まれています。敵が城に侵入するには、まず、手前の馬出を突破しなければなりませんが、馬出の内側や背後の枡形から、敵はねらわれてしまいます。

二の丸・西エリアの巨大な馬出

　二条城では、本丸の西橋から北と南の二ヶ所の中仕切門までのエリアは、巨大な馬出になっています。

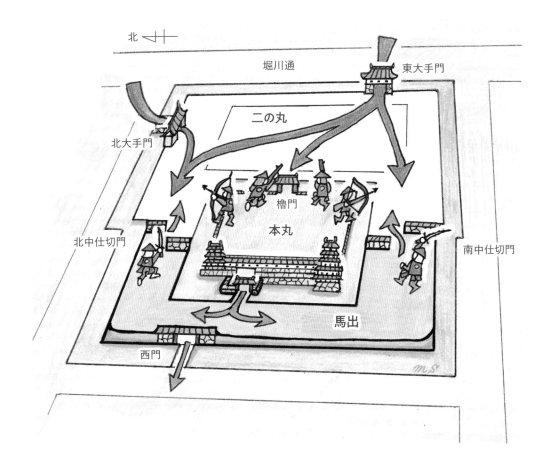

　二条城が東の方向から攻められた場合、幕府軍は巨大な馬出（絵のオレンジ色部分）に大勢の兵士をためて、北と南の中仕切門から出撃します。この時、本丸の兵士が本丸から援護射撃します。
　また逆に、東から攻めてきた敵が中仕切門を突破して、二の丸・西エリアに侵入してきた場合は、本丸から敵に横矢をかけます。

参考：千田嘉博「織豊系城郭の構造 ―虎口プランによる縄張編年の試み―」『史林』1987,70（2）：265-295

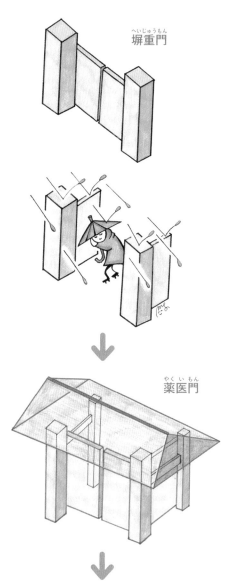

コラム 「屋根のない門が、高麗門になるまで」

塀重門
（へいじゅうもん）

屋根のない柱と扉だけのシンプルな門を
塀重門とよびます。

門に屋根がないと、雨宿り（あまやど）ができません。
また、柱や扉が雨にぬれて、くさりやす
くなります。

薬医門
（やくいもん）

本柱の後ろに控柱（ひかえばしら）をたてて、その上に大
きな屋根をのせて、門全体を一つの屋根で
おおうと薬医門ができました。
　しかし屋根が大きいと、城内から門の外
にいる敵の様子がわかりにくく、また、門
の軒下に入りこんだ敵を射撃できません。

高麗門
（こうらいもん）

そこで、屋根を小さくするために、本屋
根の後ろに垂直に小屋根をかけて、門をあ
けた時に、扉が小屋根の下におさまるよう
にしたのが高麗門です。
　高麗門を上から見れば、三つの屋根がコ
の字型になっています。
　高麗門は、秀吉の朝鮮（高麗）出兵の際
に、日本人が現地で考え出した門の形で、
城の門によく用いられます。

石　垣

1　二条城の石垣

　二条城の石垣は、基本的には「家康の時代（慶長期）の石垣」と城のエリアを西方に拡張した「秀忠・家光の時代（寛永期）の石垣」からできています。

　しかし、寛文の地震（1662年、1665年）、宝永の地震（1707年）、落雷（1750年）、天明の大火（1788年）、文政の地震（文政京都地震）（1830年）などの自然災害で、天守台や石垣は被害をうけて、何回も積み直されたり、部分的に修復されたりしています。

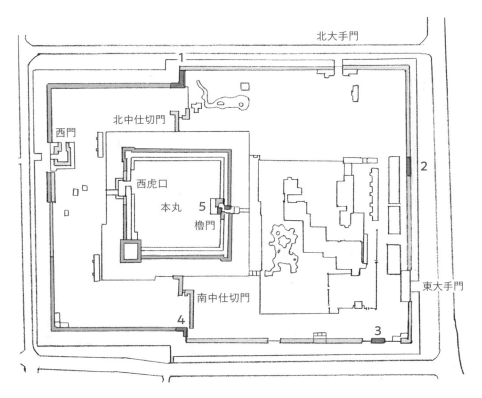

時代別にみた石垣の分布

　1〜5の赤色で示す部分が、家康時代（慶長期）の石垣です。

　秀忠と家光が、寛永期に増築した石垣の多く（青色部分）は、そのまま残っています。

　しかし、本丸の櫓門や西虎口、西門、南北の中仕切門は、18世紀（黄色）や19世紀〜明治時代（黄緑色）に修復をうけています。堀川通ぞいの石垣の多くも、18世紀以降に修復されています。

参考：京都市文化市民局元離宮二条城事務所ほか編：史跡旧二条離宮（二条城）保存活用計画、京都市文化市民局元離宮二条城事務所、2020

2 石垣の3つの積み方

　石垣の積み方には、古い順から、野面積、打込ハギ、切込ハギの3通りがあります。ハギは「接」とも書き、「石と石を接合させる方法」という意味です。

　この分類は、江戸時代の儒学者・荻生徂徠の軍学書「鈐録（1727年）」に記されています。

野面積

　野にあった石をそのまま、または、粗く割って積みあげているので、石の形や大きさはさまざまです。大きな石と石のすき間に小石（間詰石）をつめて、敵兵や泥棒が石垣をよじ登ってくるのをふせいでいます。

　野面積の石垣の外観はデコボコで、一見、崩れやすそうにみえますが、奥の方で石同士がかみ合っているので、簡単には崩れません。また、すき間が多いので、水はけも良好です。

乱積

間詰石

赤い線は、石の横目地（石の継目）がまっすぐに通っていない乱積を示しています。

打込ハギ

　打込ハギは、「玄翁（金づち）」で石の表面や角を打ち欠いた石を積みあげる方法です。

　石と石のすき間に間詰石をはめこんだ外観が、「大石の間に小石を打ち込んだ」ようにみえるので、「打込ハギ」とよばれます。

　積みあげた石の後ろに、小石（裏込石）をぎっしりと詰め込んで、水はけを良くしています。

　打込ハギは、野面積よりも石同士の接合面がふえて強度が増すので、石を高く積むことができ、また、石垣の勾配を急にすることもできるので、最もよく用いられた積み方です。

裏込石

「打込ハギ乱積」の石垣をつくっている様子

　石垣の中腹に丸太を差し込んで仮設の足場をつくって、石工が足場の上で、ノミや玄翁で石の表面を整えています。

　石垣の頂部（上端）では、長い棒をテコにして、数人がかりで大きな石をすえつけています。

　石の大きさがふぞろいのため、横目地がジグザグの乱積になっています。

参考：築城図屏風（名古屋市博物館所蔵）

切込ハギ

　切込ハギは、石同士がピッタリと合うように、「ノミ」や「タガネ」で石の表面を完全に平らにして石を積む方法です。

　切込ハギは、強度が特に大切である石垣の隅角石に用いられていました。しかしやがて、石垣の隅（角）だけではなく、石垣の全面を切込ハギで積みあげた美しい石垣もあらわれました。

　切込ハギの石垣は、より高く、より急な勾配で積むことができますが、石と石の間にすき間がないので、所々、排水口を作る必要があります。

布積

　石の高さをそろえて、石を横一直線にきれいに積んだ状態は、布の横糸のようにみえるので、布積とよばれます。

　石工のそばを二人の男が背負籠に小石を入れて運んでいます。背負籠の形は、小石を籠いっぱいに入れても、重心が上の方にきて背負いやすくなるように、逆円錐形をしています。

3 二条城の様々な石垣

二条城の石垣にも、野面積、打込ハギ、切込ハギの3種類の積み方をみることができます。

東大手門の切込ハギ・布積の美しい石垣

東大手門の城内側（西側）の石垣は、きれいな切込ハギの布積で、芸術的な石垣です。

所々、石のすき間に、障子紙（しょうじがみ）の継ぎ目のように細い板石がはめこまれています。

両角の算木積の石は、下の方では弓なりに反（そ）りかえっていますが、上にいくほど水平になっています。

東大手門の表（東側）の石垣は、毎朝、東山からのぼる太陽の光で焼かれて石本来の色が失われていますが、弱い西日の当たる内側の石には、石本来の色が比較的良好に残っています。

番所

将軍の入城

将軍が留守の間、二条城をまもっていた京都在番が番所（在番の詰所）の前で将軍をお迎えしています。

北大手門の土橋の野面積の石垣

　北大手門は、城の北隣にあった京都所司代への行き来などに利用されました。

　門の構造は東大手門と同じですが、すこし小ぶりになっています。また、東大手門とは異なり、飾金具に金箔は施されていません。

　門の左右の算木積の部分は、特に滑らかに削られた切込ハギです。門の西側（絵の右側）の切込ハギの長い石垣には、排水口がもうけられています。

　一方、土橋を支える石垣は野面積で、さまざまな色をした自然石がそのまま使われています。ひょっとすると、家康の頃の石垣の石を利用しているのかもしれません。

内堀の打込ハギの石垣

　内堀の水面に、さかさまにうつった櫓門の影は、城内でも指おりの美しい景色です。

　本丸の櫓門にいたる道の南北にある桃山門（南）と鳴子門（北）は、本丸に攻めこむ敵にとって関所になっています。

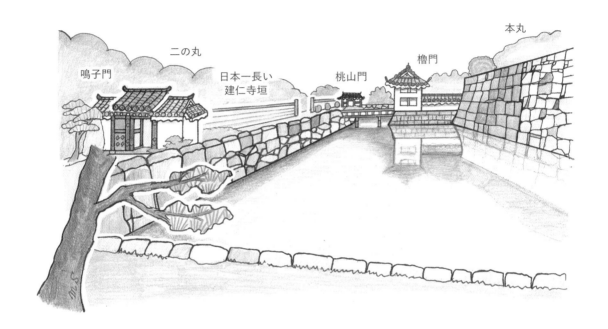

内堀東面（北半分）の打込ハギの石垣

　寛永の増築の際、内堀の石垣は8区域に分けられて、親藩や譜代大名の8藩が土木工事を担当しました（51頁）。

　絵の櫓門から北側の打込ハギの石垣は、そのほぼ真ん中で担当がかわっています。櫓門側を大和郡山藩、北側を姫路藩が担当しましたが、石垣の積み方にも違いが見られます。

　櫓門側の石垣の石は、比較的形がととのった直方体で、横目地は水平に通っていますが、北側の石垣は、間詰石が多く、横目地も上下に波うっています。

4 家康時代の野面積の石垣（慶長期の石垣）

　二条城には、家康時代（慶長期）の石垣が5ヶ所残っています（217頁）。

　なかでも、外堀北面（竹屋町通側）の中央あたりで、石垣が南側に折れまがった部分（入隅部分）（217頁の図の数字1の赤い部分）の石垣は、家康の頃の石垣の特徴をよく示しています。そしてまた、このあたりは家康の天守がたっていた場所であると推測されています。

もし今も、家康の天守がたっていたら…

　家康の天守は、秀吉と関係のふかい大和郡山城の天守を移築したものです（181頁）。

　その後、寛永行幸にそなえて本丸に新しく天守がたてられたので、家康のこの天守は淀城に移されました。

今も見ることのできる家康の石垣

　家康が二条城をたてた頃は、まだ野面積の時代でした。比叡山のふもとに住む穴太衆（あのうしゅう）（大津市坂本）は、信長の安土城（1576年）の石垣を野面積（穴太積）で積んで以来、全国の城で石垣を積みあげています。

家康の野面積の石垣

　絵の中の黄緑色をつけた部分が、家康時代の石垣であろうと推測されています。家康の頃は、まだ野面積の石垣で、石と石のすき間に小石（間詰石）がつめられています。黄緑色の部分以外の石垣は、家康よりも後の時代の改修と思われます。

　絵の中でピンク色をつけた部分の石の表面は比較的なめらかで、石を割る時の「矢穴」も二ヶ所にみられます。向かって左の石垣の角は、きれいに整形された切石が、算木積でつまれています。

　石垣の上端の２〜３段分も、家康よりも後の時代に改修をうけています。

※ 実際の石垣の石の色は、すべて灰色です。

参考：京都市文化市民局元離宮二条城事務所ほか編：史跡旧二条離宮（二条城）保存活用計画、京都市文化市民局元離宮二条城事務所、2020

コラム 「石垣作りに欠かせない算木積」

　算木とは、占で用いる約10cmの長さの木製の角柱、または、和算（日本の算術）で用いた木製の計算用具のことです。

算木積の基本

　算木積では、長辺が短辺より3倍ほど長い直方体の石を交互に積みあげていきます。

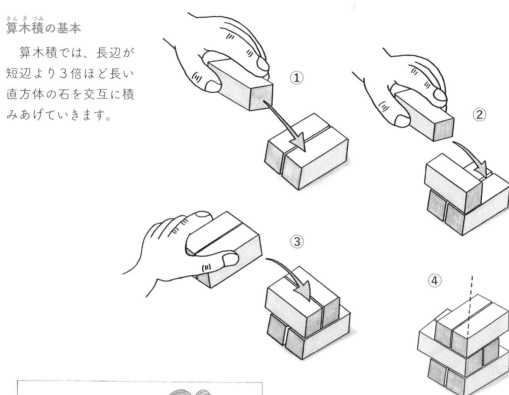

石垣の角

算木

卜者（占師）

　江戸時代、卜者は、算木や筮竹（細長い竹の棒）を用いて占いました。

参考：歌川国貞他、花容女職人鑑（美人職人尽）

↓ 黄色の石から上下のピンクの
↑ 石へ力が働いています

石の長辺と短辺を交互に積みあげて、上から重い要石(かなめいし)でおさえます。すると、長辺の石が、短辺の石（隅脇石(すみわきいし)）を上下からガッチリとはさみこむので、しっかりとした石垣になります。

もし地震がおきても、隅脇石をしっかりと抑えていれば、要石はびくともしません。

熊本城・飯田丸五階櫓の「奇跡の一本石垣」

参考：熊本市役所ホームページ
（2016年4月22日、熊本市撮影）

櫓の床
の下面

飯田丸五階櫓は、江戸初期、加藤清正の重臣の飯田覚兵衛がまもっていた櫓です。明治初期に一度、取り壊されましたが、2005（平成17）年に復元されました。

2016（平成28）年4月14日の熊本地震（震度7）で、飯田丸の石垣は崩れましたが、隅の算木積の石垣が奇跡的に残ったため、櫓は崩れ落ちませんでした。

第 5 章

本丸御殿・清流園・東大手門前広場

本丸御殿

　1626年の寛永行幸にそなえてたてられた本丸御殿は、天明の大火（1788年）で燃えました。幕末にたてられた15代将軍・慶喜の本丸仮御殿（83頁）は老朽化したため、1881（明治14）年に撤去されました。

　1894（明治27）年に、京都御所の北隣りにあった桂宮家の今出川屋敷の主要な建物が二条城に移されて、本丸御殿になりました。

　桂宮家は、江戸時代の四宮家（世襲親王家）の一つでしたが、1881年に桂宮淑子内親王（第120代・仁孝天皇の第三皇女、明治天皇の叔母、皇女和宮の姉）が亡くなられて、断絶していました。

中山邸

書院

御常御殿

玄関

今出川御門

相国寺へ ←

今出川通

近衛家の庭

京都御所の北側にあった桂宮御殿（今出川屋敷）

　絵は、幕末の頃（1860年代前半）の京都御所の北側の様子です。

　桂宮御殿は当時、今出川屋敷とよばれていました。1854年の毛虫焼け（上京大火）で内裏が燃えた時、今出川屋敷は類焼をまぬがれたので、安政度内裏が完成するまで、第121代・孝明天皇の仮御所として使用されました。また、1862年に、仁孝天皇の第八皇女・和宮が、14代将軍・家茂に嫁がれる前の1年8ヶ月間、ここに住んでおられました。

　屋敷の南隣りには、明治天皇がお生まれになった中山邸があります。

参考：西福寺屏風

冬の本丸御殿

　1894年、今出川屋敷の玄関、御書院、御常御殿、台所の４つの建物が、二条城に移築されました。

　御常御殿は今出川屋敷では南向きにたっていましたが、二条城では90度方向を変えて、西向きにたてられました。御常御殿からは、広々とした本丸庭園をながめることができます。

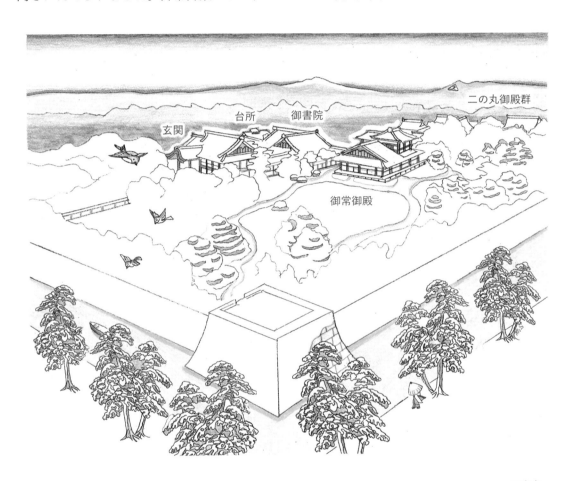

本丸庭園

　本丸庭園は、1895（明治28）年に、二条離宮に行幸された明治天皇のご指示により改造されて、現在の洋風庭園になりました。庭の東南隅には５mの高さの築山（月見台）がきずかれ、園路の周囲には野芝がうえられました。

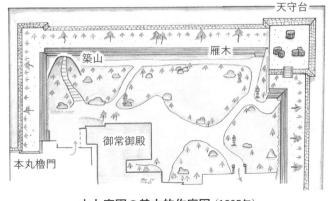

本丸庭園の基本的作庭図（1895年）
参考：明治二十八年庭作指図（宮内庁宮内公文書館所蔵）

231

コラム 「時代劇に登場する二条城」

　二条城には、二つの御殿や二つの大手門、二つの隅櫓、石垣、堀など本物にしか出せない風格をもつたくさんの建造物や庭園があります。そのため、昔から映画の時代劇や暴れん坊将軍、水戸黄門などのテレビ番組で、二条城としてはもちろん、それ以外にも江戸城や全国各地の城などとして370回以上、登場しています。

（1）時代劇に登場する西橋と西虎口　〜「鳳城の花嫁」（1957年、東映）〜

　「鳳城」の若殿様の松平源太郎（大友柳太朗）が、身分をかくして花嫁探しの旅にでる。

　江戸で、悪だくみの旗本の一団・赤柄組に襲われた呉服屋の美人姉妹・おきぬ（長谷川裕見子）とおみつ（中原ひとみ）を助けて、姉のおきぬを嫁にするというお話。

鳳城（二条城本丸の西虎口）に入城してくるお姫様の一行

　いつまでも嫁をとらない若殿のために、両親が鳳城で能楽の会を開き、各地からお姫様を招きました。しかし若殿は、どのお姫様も気に入らず、「自分の嫁は自分で探す」と一人で江戸に嫁探しに出かけました。

（2）時代劇に登場する本丸御殿　～「鶯城の花嫁」(1958年、東映）～

　「鶯城」の三人娘の長女・松姫（大川恵子）とのお見合いに、婿君候補の松平新七郎（千秋実）が鶯城にやってきた。しかし、松姫は見合いの席に出ることを嫌がるので、父親の城主（三島雅夫）は、剣の達人・彦四郎（大友柳太朗）をお供につけて、伝染病を口実に松姫を城の裏山の尼寺に隠した。新七郎と三人姉妹、彦四郎に、お家の転覆をたくらむ次席家老・尾形主善（山形勲）がからんで大騒動となるが、最後には円満解決するという歌と踊りと剣のコメディ時代劇で、「鳳城の花嫁」の姉妹編。

　鶯城の御殿（二条城本丸御殿）で松姫の婿君候補を竹姫（次女）、梅姫（三女）といっしょに出むかえる城主の安西駿河守

（3）時代劇に登場する東南隅櫓　～「白馬城の花嫁」(1961年、東映）～

　白馬の里に、あこがれの殿様が現れることを夢見て、毎日ハタを織る娘・お君（美空ひばり）がいた。ある日、お君の家に、殿様（鶴田浩二）とその家来の３人組が現れた。殿様は、実は代官所の御金蔵破りの殿様小僧であった。お君は、殿様（殿様小僧）について江戸に行き、江戸城の御金蔵破り事件に巻き込まれるが、最後は殿様小僧と結ばれるというミュージカル風のお話。

　江戸城（二条城の東南隅櫓）に忍び込み5000両を盗みだす昇り龍の富蔵（山形勲）

清流園

　江戸時代、二の丸の北エリアには、京都在番の宿舎（長屋）がぎっしりとたっていました（185頁）。大正大典の時（1915年、大正四年）、ここには宮殿風の大饗宴場（95頁）がたてられました。さらに太平洋戦争後の1950（昭和25）年に、ここは進駐軍のテニスコート（9面）になりました。

　テニスコートは、その後、市民に開放されていましたが、お城にテニスコートはふさわしくないとして、1965（昭和40）年、河原町二条にあった角倉了以の屋敷から譲りうけた建物と庭石などを用いて、庭園（清流園）に作りかえられました。

角倉了以（1554〜1614）

　角倉了以は、秀吉や家康の頃に、ベトナムとの海外貿易や大堰川（保津川）や高瀬川などの河川開発を行なった豪商です。

　絵の了以は、法衣姿で、石割斧をもち、片膝を立てて、太綱の上に座って、大悲閣千光寺がたつ山の上から大堰川の安全を見守っています。

参考：角倉了以像（大悲閣千光寺所蔵）

下りの高瀬舟

　角倉了以は、1611年に、二条大橋の西のたもとで鴨川の水を引きいれて、鴨川にそって伏見まで流れる運河・高瀬川（10km）をつくりました（26頁）。高瀬川は伏見で宇治川に合流したので、京都から大坂までの水運が開けました。

　毎朝、伏見から材木や炭、たきぎ、米、酒、醤油などが京都に運ばれ、下りの舟で、たんす・長持・鉄工業製品などが伏見まで運ばれました。下りの舟には、伏見稲荷におまいりする老人なども乗りました。

　上りの舟は、5、6艘をつないで一組とし、舟につけた綱を川の両岸から14〜15人で曳いて上りましたが、下りの舟は、川の流れで自然に下りました。

和風庭園と洋風庭園からなる清流園

　昭和時代に活躍した作庭家の中根金作が設計した清流園は、池の回りをめぐって景色を楽しむ和風庭園（西側）と、広い芝生の洋風庭園（東側）の二種類の庭からできています。

冬の清流園

　絵は、清流園を東からみた風景です。
　和風庭園の池の奥に茶室・和楽庵、池の右手（北側）に香雲亭がみえます。手前の洋風庭園の大きな石は、一部の人からは親しみをこめて、ライオン石とよばれています。

ここにも滝がある！ 清流園の滝

　本丸の西橋から二の丸エリアにもどって、内堀ぞいの道を歩き、北中仕切門をすぎると、左手奥から滝の音（ね）が聞こえてきます。西北の方をよくみると、幾重にも重なった樹々の枝の向こうに、滝がみえます。

　滝からの水は、ゆるやかに流れて、鞠形（まり）の岬灯篭（みさきとうろう）がたつ中島をまいて流れています。滝のさらに右手奥には、十三重石塔がたっています。

清流園の洋風庭園

　滝を左手にみて、池のほとりにそって進むと、芝生の洋風庭園につきます。

　1986（昭和61）年、イギリスのチャールズ皇太子（現、イギリス国王）とダイアナ妃が来日された時、洋風庭園で開かれたガーデンパーティーで、ダイアナ妃に着物（友禅染の振袖（ふりそで））がプレゼントされました。

桜の標本木

和風庭園、洋風庭園をすぎると、左手の奥に北大手門が見えます。

　北大手門へ向かう道の角にある大きな桜の木は、京都地方気象台（二条城から西に1km）の「桜の標本木」です。
　標準木は、気象台から近くて周辺の環境が変わりにくい場所にある木が選ばれます。毎年、標本木の桜が5〜6輪開くと、開花宣言が行われます。

東大手門前広場の歴史

江戸時代の二条城の周りの様子

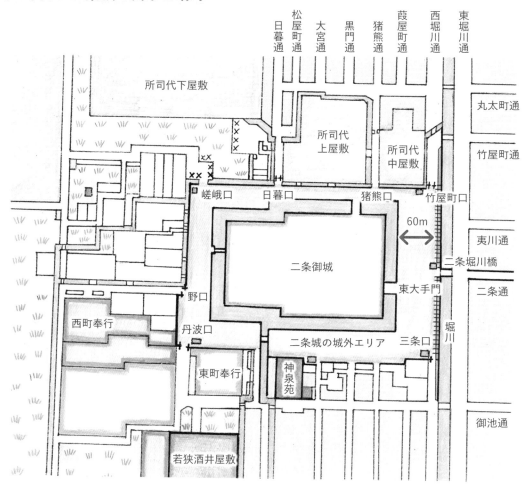

　江戸時代は、外堀の周りの道も「二条城外廻り」として取りこんだので、二条城の範囲は、現在よりも一回り大きい範囲（肌色）でした。特に東大手門の前は幅60mあり、将軍家の城にふさわしい壮観な広場になっていました。

　二条城外廻りの四隅の出入口（竹屋町口、三条口、嵯峨口、丹波口）などには、番所（黄緑色）がおかれていました。城の北側に京都所司代、西側に東西の町奉行所などの屋敷がたてられ、二条城の周りは官庁街になっていました。

　慶喜は、本丸仮御殿（83頁）が完成するまでは、東町奉行所の南側の若狭酒井屋敷（若州屋敷）に住んでいました。

　堀川より東側には町屋がたち並んでいましたが、西側にはまだまだ畠が広がっていました。

参考：二條城内外之図、二條御城外之図（宮内庁書陵部所蔵）

二条城の正門・東大手門の前の堀川通は、400年の間に、家康をはじめ徳川将軍の参内、和子の入内、後水尾天皇や明治天皇、大正天皇の行幸など、さまざまな行列が通る歴史的な通りでした。また、祇園祭の神輿や南蛮人や時代祭の一行も東大手門の前を練り歩いています。

1　江戸時代

　江戸時代の後期には、絶対に破られることはないと思われていた幕府の御金蔵（おかねぐら）が破られてしまう事件がおきました。

二条城の御金蔵破り

　寛政九年（1797）十月、二の丸の御金蔵が壊されて、小判三千両が盗まれました。当初、内部の犯行ではないかと調べましたが、犯人は見つかりませんでした。

　2年後、城に出入りするかざり師・藤田大助という町人が、新町三条に屋敷をたてるなど、急に羽振りがよくなったので、京町奉行所が怪しいとして捕（つか）まえました。すると、家の炭櫃（すびつ）（四角い火鉢）の下から、鋳造したばかりの極印のない幕府の小判がでてきました。

　その町人は、犯行の夜、盥（たらい）で堀をわたって、巽（たつみ）（東南）の櫓近くの石垣をのぼって、石落（いしおとし）から城に侵入し、盗んだ小判を着物に包んで持ち帰ったと白状しています。

　この話をのせている『梅翁随筆』の最後には、「どんなに悪知恵をめぐらしても、お天道（てんと）さまに背（そむ）いた行いは、最終的には逃れることはできない。よくよく考えなさい。欲心をはなれて道理にしたがうことは難しいことではあるが、身の程を考えて、せめて欲にはかぎりがないと心得て、ただただ、心をみがくことが大切である」と説いています。

参考：京都市文化市民局元離宮二条城事務所 編、研究紀要元離宮二条城 第一号、2022、P.147-148

夜中、石落から城に侵入する町人

西国への起点となった二条堀川橋

　東大手門の前の堀川通の西岸には、木の冊がたてられて、橋のたもとには、門と番所がありました。

　東海道五十三次の上がりは三条大橋でしたが、京都から山陰、山陽などの西国へは、二条堀川橋が起点になっていました。

雪夜の二条堀川

参考：川部玉園「二条堀川橋」「都名所百景（都百景）」（1860年頃）

コラム 『袖中都名所記』

　『袖中都名所記』（井上春曙斎画、1839年）は、細長くて軽い和本（8×16cm、95頁）で、着物の袖の中にいれて、京都見物ができるコンパクトなガイドブックです。

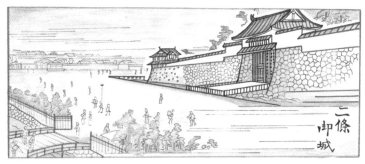

※ 原画は白黒です

2 明治時代

1871（明治4）年から14年間、二条城二の丸御殿に京都府庁がおかれ、東大手門前広場は府庁の職員の通勤路になっていました。

東北の火の見櫓と鐘楼

江戸時代の終わりの1867年に、京都所司代が廃止されたため、所司代千本屋敷の火の見櫓（ひ みやぐら）と鐘楼（しょうろう）（78頁）は、二の丸の艮櫓の跡（うしとらやぐら）（堀川竹屋町の角）に移されました。

釣鐘（つりがね）は、現在、二の丸御殿の前庭（125頁）に展示されています。

石垣の上の城壁は、1886年、初代内閣総理大臣・伊藤博文の来京に際して取りのぞかれて、石垣の上の土塁には常緑の樹木がうえられました。

堀川通を斜めに走る京電

　現在、城の南の押小路通（おしこうじどおり）の地下を市営地下鉄・東西線が走っています。

　1902（明治35）年から10年間、京電（京都電気鉄道）の城南線が、「堀川押小路」から堀川に斜めにかかる鉄橋をわたって「二条停車場（二条駅）」まで走っていました。城南線は大正大典の頃（1915年）には、すでに廃線になっていました。

城南線
二条駅へ

北野線（堀川線）
京都駅へ

東大手門の前を行進する時代祭の行列

　大正天皇は皇太子（嘉仁皇太子（よしひと））の頃、京都に行啓されたときは、二条離宮（二条城）にお泊まりになられました。嘉仁皇太子は、1898（明治31）年10月22日に、東大手門の前で時代祭をご覧になられました。

　時代祭の行列は、いつものコースを少し変更して、山国隊（維新勤王隊）を先頭に、二条通から堀川にかかる二条橋をわたり、東大手門前の馬場を南へすすみました。

参考：京都市文化市民局元離宮二条城事務所編、研究紀要元離宮
　　　二条城 第二号、2023、P.105

3 昭和時代

　1884（明治17）年、二条城は二条離宮になりました。二条離宮は、55年後の1939（昭和14）年、宮内省から京都市に下賜されて、翌年、恩賜元離宮二条城として一般公開がはじまりました。

東堀川通を走っていたN電

　堀川の川端（東堀川通）を走っているのは、北野線のN電です。線路の幅が狭い（narrow）ので、市民から親しみをもって「N電」とよばれていました。

　北野線（京都駅〜北野天満宮）の電車は、1905（明治38）年から1961（昭和36）年まで走ったあと、現在は、明治村（愛知県犬山市）で走っています。

　なお、堀川の石垣の中には、家康の時代に工事を担当した大名たちが、石の分散や紛失を防ぐために刻印した石が多数残っています。

東大手門の前を発着する進駐軍のセスナ機とジープ

　太平洋戦争が終わって二条城の前は、とうとう進駐軍の飛行場になりました。当時は、N電の窓から、東大手門の前を発着する進駐軍のセスナ機がみえました。

　1945（昭和20）年、日本は第二次世界大戦（太平洋戦争）に敗れて、サンフランシスコ講和条約が締結される1952（昭和27）年まで、GHQ（連合国軍最高司令官総司令部）の占領下にありました。

　日本に進駐したアメリカ陸軍は、第六軍（京都）と第八軍（横浜）で、日本を東西に分けて統治しました。第六軍の司令部は、烏丸四条の大建ビル（現在：古今烏丸）におかれ、司令官の官舎は、接収された下村邸（現在：大丸ヴィラ、烏丸通丸太町上ル）があてられました。

　司令部は、アメリカ軍将校のための住宅数十戸を京都御苑にたてることを日本に通告しましたが、日本側の陳情によって、代替地として提案した植物園が米軍の住宅地になりました。

　この時、京都御苑内に小型飛行機が発着する飛行場も設置すると通告されましたが、交渉の結果、東大手門前広場が進駐軍の飛行場になりました。

4 令和時代

　平成29（2017）年度、二条城への入場者数は200万人をこえました。

　2017年は、大政奉還から150年目にあたり、今上天皇も、皇太子時代のこの年、雅子様と二条城を行啓しておられます。

世界遺産・二条城の現在

　新型コロナがまん延し、観光客は一時的に減りましたが、堀川通西側のバス駐車場は、2023年から再び観光バスでいっぱいになりました。

参考文献

1 二条城の歴史など全般に関して

吉田絃二郎 『二条城の清正』 新潮社、1936

高木義賢 編 『明治天皇御絵巻（講談社の絵本42)』 講談社、1937

澤島栄太郎・吉永義信 『建築新書 二條城』 相模書房、1942

岩波書店編集部 編 『京都御所と二條城』 岩波書店、1952

有職文化協会・猪熊兼繁 編 『京都文華典』 京都文華典事務局、1956

竹村俊則 『新撰京都名所圖會 巻四』 白川書院、1962

森蘊 『人物叢書140・小堀遠州』 吉川弘文館、1967

京都市 編 『京都の歴史5 近世の展開』 學藝書林、1972

京都市 編 『京都の歴史6 伝統の定着』 學藝書林、1973

京都市 編 『京都の歴史7 維新の激動』 學藝書林、1974

相賀徹夫 編 『元離宮二條城』 小学館、1974

京都市 編 『京都の歴史8 古都の近代』 學藝書林、1975

京都市 編 『京都の歴史9 世界の京都』 學藝書林、1976

竹村俊則 『昭和京都名所圖會5 洛中』 駸々堂出版、1984

吉田光邦 他編 『国文学解釈と鑑賞 別冊 文化複合体としての京都』 至文堂、1985

太丸伸章 編 『歴史群像 名城シリーズ11 二条城』 学習研究社、1996

藤井讓治 『人物叢書213・徳川家光』 吉川弘文館、1997

川上貢 『日本建築史論考』 中央公論美術出版、1998

京都新聞出版センター 編 『元離宮 二条城』 京都新聞出版センター、2003

静岡市経済局商工部経済事務所 大御所四百年祭推進室 編 『大御所四百年祭開催記念 図録・博物館 徳川家康と駿府大御所時代』 静岡市経済局商工部経済事務所 大御所四百年祭推進室、2008
（家康の摩利支天金印について、本誌20頁）

久保貴子 『人物叢書252・徳川和子』 吉川弘文館、2008

下間正隆 『イラスト祇園祭』 京都新聞出版センター、2014

家近良樹 『人物叢書277・徳川慶喜』 吉川弘文館、2014

京都市文化市民局文化芸術都市推進室文化財保護課 編 『京都市文化財ブックス第31集 天下人の城』 京都市文化市民局、2017

河内将芳 『戦国京都の大路小路』 戎光祥出版、2017

リーフ・パブリケーションズ 編 『世界遺産 二条城公式ガイドブック』 京都市文化市民局元離宮二条城事務所、2019

下間正隆 『イラスト京都御所』 京都新聞出版センター、2019

京都市文化市民局元離宮二条城事務所 他編 『史跡旧二条離宮（二条城）保存活用計画』 京都市文化市民局元離宮二条城事務所、2020

藤井讓治 『人物叢書300・徳川家康』 吉川弘文館、2020

山本博文 『人物叢書303・徳川秀忠』 吉川弘文館、2020

京都市文化市民局元離宮二条城事務所 編、研究紀要 元離宮二条城 第一号、京都市文化市民局元離宮二条城事務所、2022

京都市文化市民局元離宮二条城事務所 編、研究紀要 元離宮二条城 第二号、京都市文化市民局元離宮二条城事務所、2023

2 城郭

大類伸 『日本の城 アルス文化叢書27』 アルス、1943

藤岡通夫 『カラーブックス57 城 —その美と構成—』 保育社、1964

名古屋市教育委員会 編 『名古屋叢書続編 第十三巻 金城温古録（一)』 名古屋市教育委員会、1965
（名古屋城の基本的文献集成であると同時に、他の城に関しても詳細に記載されている）

中村直勝 『古都の門』 淡交社、1967

城戸久 『城と民家』 毎日新聞社、1972

伊藤ていじ 『城 築城の技法と歴史』 読売新聞社、1973

京都市元離宮二条城事務所 編、重要文化財二条城修理工事報告書 第五集、1976
（本丸櫓門、唐門、桃山門、鳴子門の修理報告書）

千賀四郎 編 『探訪日本の城6 畿内』 小学館、1977

藤岡道夫 『日本の城』 至文堂、1980

内藤昌 『城なんでも入門』 小学館、1980

岡田英男 『日本の美術 第212号 門』 至文堂、1984

千田嘉博 「織豊系城郭の構造 —虎口プランによる縄張編年の試み—」、史林、1987、70（2)、265-295
（二条城二の丸エリアの馬出について、本誌215頁）

藤岡通夫 『原色日本の美術 城と書院』 小学館、1990

太丸伸章 編 『歴史群像 名城シリーズ11 二条城』 学習研究社、1996

千田嘉博 『織豊系城郭の形成』 東京大学出版、2000

三浦正幸 監修 『すぐわかる日本の城』 東京美術、2001

中村良夫 他 『さがしてみよう 日本のかたち 城』 山と渓谷社、2003

京都新聞出版センター 編 『京の門』 京都新聞出版センター、2006

黒澤明 『絵画にみるクロサワの心』 角川書店、2010

加藤理文 『二条城を極める』 サンライズ出版、2012

大邑潤三 他 「京都天明大火における大名火消の実態」、京都歴史災害研究、2013、14、63-72
（天明の大火および文政京都地震時の二条城の被害について、本誌184頁）

中井正知 他編『天下人の城大工 —中井大和守の仕事Ⅲ—』大阪市立住まいのミュージアム、2015

三浦正幸『城の作り方図典 改訂新版』小学館、2016

中井 均 監修『カラー図解 城の攻め方・つくり方』宝島社、2017

村田修三 監修『織豊系城郭とはなにか —その成果と課題—』サンライズ出版、2017

香川元太郎『オールカラー徹底図解 日本の城』学研プラス、2018

三浦正幸 監修『古写真で見る幕末の城』山川出版社、2020

千田嘉博『城郭考古学の冒険』幻冬舎、2021

3　二の丸御殿

平井 聖『日本の美術13巻 城と書院』平凡社、1965

藤岡通夫『近世の建築』中央公論美術出版、1971

近藤 豊『古建築の細部意匠』大河出版、1972

平井 聖『図説 日本住宅の歴史』学芸出版社、1980

西 和夫『建築技術史の謎を解く —続・工匠たちの知恵と工夫』彰国社、1986

西 和夫『図解 古建築入門 日本建築はどう造られているか』彰国社、1990

松戸市戸定歴史館 編『二条城 —黒書院障壁画と幕末の古写真—』松戸市戸定歴史館、1994

西 和夫・小沢朝江「二条城二の丸御殿白書院の復元研究 —建築と障壁画の総合的検討—」、日本建築学会計画系論文集、1996、489、205-211

西 和夫・小沢朝江「二条城二の丸御殿の大広間等諸御殿の復元研究 —建築と障壁画の総合的検討—」、日本建築学会計画系論文集、1997、492、195-200

鬼原俊枝『幽美の探求 狩野探幽論』大阪大学出版会、1998

西 和夫『建築史研究の新視点一 建築と障壁画』中央公論美術出版、1999
（二の御殿の白書院、黒書院、式台、遠侍について）

西 和夫『建築史研究の新視点三 復原研究と復原設計』中央公論美術出版、2001

小堀桂一郎 監修『名画にみる國史の歩み』近代出版社、2000

川道麟太郎『雁行型の美学 —日本建築の造形モチーフ—』彰国社、2001

梅原 猛『京都発見〈五〉法然と障壁画』新潮社、2003

辻 惟雄 編『二條城 障壁画 国華 1300号』国華社、2004

安村敏信『もっと知りたい狩野派 —探幽と江戸狩野派』東京美術、2006

宮元健次『すぐわかる寺院別障壁画の見かた』東京美術、2008

名古屋城総合事務所 編『名古屋城特別展 将軍の愛した障壁画 二条城二の丸御殿と名古屋城本丸御殿』名古屋城特別展開催委員会、2012

円満字洋介『京都まち遺産探偵』淡交社、2013

元離宮二條城事務所 編『二条城二の丸御殿障壁画ガイドブック』2015

グレゴリ青山『深ぼり京都さんぽ』集英社インターナショナル、2017

松本直子「二条城二の丸御殿の内部装飾の全体構想について —廊下杉戸絵を中心に—」、鹿島美術財団年報 第36号、2018、268-279

京都大学大学院理学研究科附属地磁気世界資料解析センター、地磁気世界資料解析センターパンフレット、2019年1月25日発行
（二条城の地磁気変化について、本誌45頁）

府中市美術館 編『へそまがり日本美術 禅画からヘタウマまで』講談社、2019
（家光の絵について、本誌165頁）

4　二の丸庭園

勧修寺經雄「二條離宮の御庭を拝観して」京都園藝倶樂部、1930、23-29

中島卯三郎「行幸図屏風に現われたる二條城二の丸庭園に就いて」、造園雑誌、1941、10（3）、22-27

久恒秀治『京都名園記 上巻』誠文堂新光社、1967

重森三玲・重森完途『日本庭園史大系 第九巻・桃山の庭（二）二條城二之丸庭園』社会思想社、1972
（「八陣の庭」について、本誌163頁）

伊藤ていじ『京の意匠 庭園』光村推古書院、1982

中根金作・岡本茂男『宮廷の庭・大名の庭、新装版 日本の庭園5』講談社、1996

齋藤忠一『図解 日本の庭 —石組に見る日本庭園史』東京堂出版、1999

内田 仁・鈴木 誠「二條城二の丸庭園における庭園景及び担った役割の変遷」、ランドスケープ研究、2001、65（1）、41-51

尼崎博正『庭石と水の由来 —日本庭園の石質と水系』昭和堂、2002

内田 仁『二條城庭園の歴史』東京農業大学出版、2006

松下倫子 他「江戸期の堀川系における水の共用に関する研究」、土木計画学研究発表会・講演集 Vol.36、2007、11、290
（二の丸庭園の水利用について、本誌164頁）

小野健吉『日本庭園 —空間の美の歴史（岩波新書）』岩波書店、2009

京都市埋蔵文化財研究所 編、史跡旧二条離宮（二条城）（発掘調査報告 2009-15）、2010
（二の丸庭園への導水施設などについて、本誌164頁）

山本雅和「二条城の造営」、リーフレット京都 No.262　発掘ニュース、2010、96
（二の丸庭園への導水施設などについて、本誌164頁）

西 和夫『三溪園の建築と原三溪』有隣堂、2012
（三笠閣（聴秋閣）について、本誌27頁）

5　寛永行幸

谷口歌子「客膳料理の形成と現代の様相 ―体形の変遷を主として―」立正女子大学短期大学部研究紀要 1969、13、8-20

谷口歌子「客膳形態の変遷と現代の様相」立正女子大学短期大学部研究紀要 1969、13、59-70

北小路功光『花の行方 後水尾天皇の時代』駸々堂出版、1973

馬場一郎 編『別冊太陽14号 料理』平凡社、1976

芳賀 登・石川寛子 監修『全集・日本の食文化第7巻 日本料理の発展』雄山閣出版、1998

原田信男『和食と日本文化 日本料理の社会史』小学館、2005

京都文化博物館学芸課『京の食文化展 ―京料理・京野菜の歴史と魅力―』京都文化博物館、2006

熊倉功夫『日本料理の歴史』吉川弘文館、2007

泉屋博物館 編『二条城行幸図屏風の世界』サビア、2014

大塚活美「洛中洛外図屏風歴博F本の位置づけについて」、国立歴史民俗博物館研究報告 第180集、2014

茶道資料館 編『酒飯論絵巻 ようこそ中世日本の宴の席へ』茶道資料館、2018

猪熊兼樹『『旧儀式図画帳』にみる宮廷の年中行事』東京国立博物館、2018

永山久夫 他監修『歴史ごはん 食事から日本の歴史を調べる 第2巻 平安〜鎌倉〜室町時代の食事』くもん出版、2019

永山久夫 他監修『歴史ごはん 食事から日本の歴史を調べる 第3巻 安土・桃山〜江戸時代、現代の食事』くもん出版、2019

大野木啓人 監修『京都芸術大学京都学③ 京都で育まれてきた伝統と文化』京都新聞出版センター、2022
（萬亀楼について　本誌64頁）

6　本丸・清涼園

中根金作『庭 名庭の鑑賞と作庭』保育社、1973

内田 仁・北山正雄「二條城清流園の成立過程及び地割・植栽の経年変化について」ランドスケープ研究 2001、64（5）、447-45

京都市観光協会 編『元離宮二條城・本丸御殿』発刊年不明

7　大正大典

帝国軍人教育会『今上陛下御即位式写真帖』1914

箕輪四郎 編『御即位礼画報 第壱巻〜第参巻』1914

京都日出新聞三十周年記念 編纂、大典要覧、1914

高木八太郎 編『大正大典史 全』大日本実業協会、1915

京都府 編『大正大禮京都府記事關係寫眞材料』1915

京都府警察部 編『大正大礼京都府記事 警備之部』1916

桜橘協会 編『即位大礼記念帖』1916

京都府 編『大正大礼京都府記事 庶務之部 上・下』1917

大礼記録編纂委員会 編纂『大礼記録』清水書店、1919

原 武史『大正天皇』朝日新聞社、2000

古川隆久『人物叢書247・大正天皇』吉川弘文館、2007

白川 淳『御召列車』マガジンハウス、2010

所 功 監修『京都の御大礼 ―即位礼・大嘗祭と宮廷文化のみやび―』思文閣出版、2018

工藤直通『天皇陛下と皇族方と乗り物と』講談社、2019

月桂冠・大倉酒造「酒の文化を知る、お酒の博物誌Q＆A」月桂冠ホームページ

8　神泉苑・洛中洛外図屏風・東大手門前広場

京都府、京都府史跡勝地調査会報告 第七冊、1926
（神泉苑について　本誌22頁）

村山修一『平安京』至文堂、1957
（神泉苑について　本誌22頁）

京都市 編『京都占領 京都の歴史9 世界の京都』学芸書林、1976、290-293
（東大手門前広場の進駐軍の飛行場について、本誌244頁）

駒 敏郎 他編『史料京都見聞記 第五巻 見聞雑記Ⅱ』法蔵館、1992
（二条城の御金蔵から小判が盗まれた話『梅翁随筆』を収載している、本誌239頁）

黒田日出男「王権と行列 ―描かれた〈行列〉から」朝日百科 日本の歴史別冊 歴史を読みなおす17、朝日新聞社、1994、2-15
（内裏の中の徳川和子の櫓状の建物、女御新御殿について、本誌48頁）

折田泰宏「そして御苑の自然は残った、御所外苑を守った立役者・石川忠氏に聞く」京都TOMMOROW、1994、2、13、38-39
（東大手門前広場の進駐軍の飛行場について、本誌244頁）

狩野博幸『新発見・洛中洛外図屏風』青幻舎、2007

群馬県立歴史博物館 他編『三館共同企画展 洛中洛外図屏風に描かれた世界』三館共同企画展『洛中洛外図屏風に描かれた世界』プロジェクトチーム、2008

奥平俊六・関口敦仁 監修『デジタル洛中洛外図屏風「島根県美本」』淡交社、2009

黒田日出男『洛中洛外図・舟木本を読む』角川学芸出版、2015

あ と が き

　京都は自転車サイズの街です。

　とくに碁盤の目の洛中は、どこへ行くのも自転車が便利です。

　私は2年前の5月に、二条城を勉強しようと思い立ち、ほぼ毎月、自転車で二条城に通いました。

　コロナの影響で来城者がすくなく、二の丸御殿を貸し切り状態で、ゆっくり、じっくり観察できる日もありました。

　この本を作るにあたって、萬亀楼の小西将清様には、大切な絵巻を心よくお見せいただきました。

　建築家の草深倫様、東山中学・高等学校の澤田寛成様と小池佑一様、京都府立京都学・歴彩館の岡本隆明様には、専門的にご協力をいただきました。

　お世話になった皆さまに感謝し、厚くお礼を申しあげます。

　ある日の夜、私は油小路通と押小路通の角で、ぐうぜん、月夜に青白く浮かびあがる幻想的な「額縁櫓」(がくぶちやぐら)(東南隅櫓、192頁)に出会いました。「この櫓は、400年の間、ここにたち、晴れの日も雨の日も、人々の有り様(ありよう)を静かに見つめてきたのだ」と思うと、少し感動しました。

　皆さんにも、ぜひ「マイ二条城」を発見していただければと願っています。

2023年7月

下間正隆

［著者］

下間 正隆（しもつま まさたか）
1956年、奈良市にて出生。1982年、京都府立医科大学を卒業。
現在、日本赤十字豊田看護大学に勤務。
著書「イラスト祇園祭」（京都新聞出版センター、2014年）、「イラス
ト京都御所」（京都新聞出版センター、2019年）、「カラーイラストで
学ぶ新型コロナウイルスの感染対策」（金芳堂、2021年）など。
NPO法人うつくしい京都、会員。

装丁　北尾 崇（HON DESIGN）

DTP　西村加奈子

イラスト二条城

発行日　2023年12月10日　初版発行
著　者　下間　正隆
発行者　杦本　修一
発行所　京都新聞出版センター
　　　　〒604-8578　京都市中京区烏丸通夷川上ル
　　　　Tel. 075-241-6192　　Fax. 075-222-1956
　　　　https://www.kyoto-pd.co.jp/book/

印刷・製本　株式会社京都新聞印刷
ISBN978-4-7638-0785-4　C0026
Ⓒ 2023　Masataka　Shimotsuma
Printed in Japan